Whisky
e como apreciá-lo

Euclides Penedo Borges

Whisky
e como apreciá-lo

mauad X

Copyright © by Euclides Penedo Borges, 2011

Direitos desta edição reservados à:
MAUAD Editora Ltda.
Rua Joaquim Silva, 98, 5º andar – Lapa
Rio de Janeiro – RJ – CEP 20.241-110
Tel.: (21) 3479-7422 – Fax: (21) 3479-7400
www.mauad.com.br
mauad@mauad.com.br

Projeto Gráfico:
Núcleo de Arte/Mauad Editora

Fotos da Capa e do Autor:
Rodrigo Rodrigues Castro

Cip-Brasil. Catalogação-na-Fonte
Sindicato Nacional dos Editores de Livros, RJ.

B73h
    Borges, Euclides Penedo, 1939-
        O whisky e como apreciá-lo / Euclides Penedo Borges.
    - Rio de Janeiro : Mauad X, 2011.
        184p. : il. ; 13 x 21 cm
        Inclui bibliografia e índice
        ISBN 978-85-7478-386-4

        1. Uísque. I. Título.
11-6866.   CDD: 641.252
                            CDU: 641.87:663.551.5:663.43

Com os meus agradecimentos ao amigo Hélio Vilaça.

Para o grupo do Magela, reunido em torno do whisky.

*Para meu mentor Paulo Decat
e amigos da Sociedade Brasileira do Whisky (SBW)*

Sumário

Apresentação	9
Introdução: A destilação e as bebidas destiladas	11
Primeira Parte: Como se elabora whisky	19
Primeiro Capítulo: As matérias-primas	21
Segundo Capítulo: Os fatores de qualidade	28
Terceiro Capítulo: A elaboração	41
Quarto Capítulo: Tipos e estilos	51
Segunda Parte: Onde se elabora whisky?	53
Quinto Capítulo: Na Escócia	55
Sexto Capítulo: Na Irlanda	95
Sétimo Capítulo: Nos Estados Unidos	102
Oitavo Capítulo: No Canadá	115
Nono Capítulo: No Japão	122
Décimo Capítulo: Em outros países	126
Décimo Primeiro Capítulo: O whisky no Brasil	133
Terceira Parte: Como se aprecia o whisky	143
Décimo Segundo Capítulo: A degustação	145
Décimo Terceiro Capítulo: O aspecto e a cor	150
Décimo Quarto Capítulo: O odor e os aromas	152
Décimo Quinto Capítulo: O paladar e as sensações finais	155
Décimo Sexto Capítulo: A descrição	160
Perguntas e Respostas	164
Glossário	167
Bibliografia	182

APRESENTAÇÃO

Antes de tudo, amiga leitora, caro leitor, o whisky é uma bebida alcoólica. Como você sabe, bebidas alcoólicas são definidas a partir do processo de obtenção do álcool – fermentação para os vinhos, destilação para a cachaça... –, das matérias-primas com que são elaboradas – uva para o vinho, cana-de-açúcar para a cachaça... –, e dos fatores de qualidade envolvidos.

Sendo o whisky uma bebida destilada de cereais, tendo como fatores de qualidade a água e as barricas de envelhecimento, entre outros, torna-se conveniente começar este livro com noções sobre o processo de destilação, prosseguir com a descrição das matérias-primas e detalhar os fatores de qualidade. A seguir, abordar a elaboração em suas distintas etapas, e, finalmente, o que realmente interessa, ou seja, a bebida e como apreciá-la.

Tido como a mais nobre das bebidas destiladas, em virtude de seu sabor peculiar e da sensação de bem-estar que provoca, o whisky é uma bebida cuja ingestão consciente proporciona prazer e convida à conversa, à sociabilidade e à descontração.

Mas é bom lembrar que, como bebida alcoólica com teores elevados de álcool etílico, ele deve ser bebido com moderação, dando mais importância à qualidade do que à quantidade.

A mais antiga menção feita à aguardente de cereais consta de um documento irlandês do século XIV no qual se descreve a morte de um chefe militar por ingestão exagerada de aqua vitae *no Natal.*

Casos de exagero no consumo de whisky, levando à embriaguez, à degradação ou até mesmo à morte, encontram-se na literatura inglesa de Oscar

Wilde e de Bernard Shaw, na irlandesa de James Joyce e na americana de William Faulkner e Ernest Hemingway, dentre outras.

E é entre os literatos que vamos encontrar a morte mais escandalosa por overdose de whisky: o inglês Dylan Thomas (1914 – 1953), conhecido em sua época tanto pela obra literária e poesia quanto pela boemia e embriaguez, não chegou aos 60 anos de idade. Ele viu publicar seus Poemas escolhidos *aos 58 anos e morreu aos 59 pela ingestão de um número excessivo de doses de whisky em um bar de Nova York, sem ter presenciado a publicação de sua coletânea de contos* Uma vista do mar, *editada postumamente em 1955.*

ROTEIRO - Dito isso, o roteiro deste trabalho tem, por início, noções técnicas e históricas da destilação. Seguem-se a descrição das matérias-primas, os fatores de qualidade e a elaboração do whisky na primeira parte. Na segunda, a presença do whisky no mundo, com ênfase na Escócia, mas incluindo outros países europeus, a América, a Ásia e a Oceania. Na terceira parte, procuramos detalhar para vocês o mecanismo, os fundamentos teóricos e a prática da degustação do whisky.

E para ajudá-los no entendimento ou nas consultas, um Glossário e a Bibliografia.

Introdução

A DESTILAÇÃO E AS BEBIDAS DESTILADAS

Então, o que é destilação? Estamos falando de química? De biologia? Ou de bioquímica?
Não! A destilação é um processo físico.
Se dispusermos de uma mistura de álcool e água, podemos separar o álcool fervendo a mistura. O álcool, que tem ponto de ebulição mais baixo do que o da água, vaporiza-se e pode ser recuperado.
Trata-se de separar os componentes de uma mistura líquida baseando-se nas diferenças do ponto de ebulição de cada um deles.
Claro está, entretanto, que uma simples solução de água e álcool não origina uma bebida satisfatória.

O que é o tal "ponto de ebulição" acima citado? Procuremos mostrar de forma descomplicada.
Do ponto de vista molecular, as substâncias no estado líquido apresentam-se com enorme quantidade de partículas mantidas próximas umas das outras por uma energia de ligação, constituindo uma grade em três dimensões que é a estrutura molecular da forma líquida. Quando essa é aquecida, a energia calorífica quebra o equilíbrio das forças, a grade se desmorona, a substância perde coesão, passa para o estado de vapor e se desprende.
Dá-se o nome de ebulição – do latim ebullicionis *– ao fenômeno que acompanha a passagem de um corpo do estado líquido para o estado de vapor; a temperatura em que se verifica tal fenômeno, conhecida como "ponto de ebulição", varia de líquido para líquido. Assim, quando se fornece calor, uma parte da forma líquida evapora-se paulatinamente, à medida que sua temperatura se eleva. O líquido acabará fervendo e tendendo a se*

vaporizar quando sua temperatura atinge o ponto de ebulição próprio. Se a água é aquecida a cem graus centígrados, por exemplo, a energia absorvida rompe a totalidade das ligações e ela transforma-se em vapor de água. A separação de álcool da água baseia-se na diferença entre o ponto de ebulição do álcool – 78,3º C – e o ponto de ebulição da água – 100º C. Se uma solução contendo álcool e água tem sua temperatura elevada para um valor entre 79 e 99º C, o álcool vaporiza-se e se separa do líquido mãe... e o vapor alcoólico que se forma pode ser recolhido sob forma líquida depois de condensado.

Se a mistura a ser destilada é obtida a partir de matérias-primas convenientes, pequenas quantidades de inúmeros componentes vão fazer companhia ao álcool. O que faz a bebida destilada ostentar seus atributos particulares – distintas cores e matizes, diferentes aromas, sabores diversos, diferentes tipos no mesmo produtor, diferenças entre produtores – são esses constituintes presentes em quantidades mínimas, tais como aldeídos, ésteres e éteres, entre as diversas substâncias surgidas no processo.

A influência delas é fundamental no gosto e na qualidade do destilado e totalmente desproporcional ao seu teor na bebida.

BREVE HISTÓRIA DA DESTILAÇÃO – O conhecimento da destilação em sua forma primária é bem antigo; remonta à Mesopotâmia, quatro mil anos antes da era cristã, quando vasos de argila com formato especial eram usados para obter pequeninos volumes de líquido alcoólico destinado à perfumaria.

Testemunhos escritos, entretanto, só aparecem bem mais tarde e o primeiro é de Plínio o Velho, naturalista latino (23 a 79 d.C.) que toca no assunto em sua *História Natural*, um compêndio das ciências de então.

Os processos de destilação evoluíram gradualmente nas mãos de alquimistas de Alexandria, no Egito, no século III d.C. Em seus escritos, o historiador grego Zózimo de Panápolis atribui a Hipácia de Alexandria a invenção de um aparelho de destilação.

Filósofa grega, Hipácia viveu entre 350 e 415 d.C., sendo considerada

a primeira mulher a merecer reconhecimento no mundo da Matemática, tendo ensinado também Astronomia e desenvolvido utensílios científicos para estudo e ensino, entre eles um destilador rudimentar.
Viveu no Egito sob a ocupação romana e foi morta por uma turba cristã sob a acusação de provocar tumultos em suas pregações filosóficas baseadas em experimentações, no raciocínio e na lógica, e não na fé ou em escrituras.

O conhecimento do processo desenvolveu-se no Egito paralelamente à Alquimia. Basta lembrar que a origem dessa palavra encontra-se no vocábulo egípcio *Khem, Khemia*, que designava a arte de transformar uma coisa em outra – por exemplo, transmutar metais sem valor em ouro. Daí foi assimilado pelos árabes como *al-kimiya*, introduzido na Península Ibérica e depois internacionalizado como Alquimia.

O conhecimento da destilação passou do Egito para a Grécia, onde surgiram dispositivos em escala maior em função da elaboração de elixires a partir de fermentados de frutas.

Mas foi na Idade Média que a obtenção de destilados passou a evoluir consistentemente. As formas iniciais de destilação eram processos de fornada, isto é, usando apenas uma vaporização seguida de condensação. A concentração era alcançada através de repetições do processo e consta que os alquimistas chegavam a centenas de redestilações até alcançar a pureza desejada.

Destilador rudimentar

NO ORIENTE MÉDIO – O desenvolvimento da destilação eficiente, bem como a invenção de destilador de maior porte, com coletor de vapor refrigerado, é creditado aos árabes; eles criaram processos de purificação de substâncias pela destilação, tais como o isolamento de substâncias aromáticas para perfumaria e de álcool para fins medicinais.

Para desenvolver suas atividades, o alquimista árabe Geber inventou, por volta do ano 800 d.C., um dispositivo especial, depois conhecido como alambique, após observar a formação de vapor quente quando se aquecia o vinho, e descreveu sua invenção como "de uso limitado, mas de grande importância para a ciência".

Conhecido no Ocidente como Geber ou Jabir, o alquimista árabe Abu Musa Jabir Ibn Hayyan exerceu influência considerável na Alquimia da Idade Média, inclusive na Europa. Deve-se a ele a invenção de aparelhos e processos usados até hoje, entre os quais o alambique, o primeiro destilador de médio porte com retortas de que se tem notícia.

Depois dele, o médico iraniano Al-Razi (864 – 930 d.C.) faria uma descrição da destilação de álcool e do seu uso na Medicina, o que propiciou um texto poético que descreve o álcool como "um líquido cristalino semelhante à água da chuva, porém ardente como uma brasa dentro das costelas".

Já a destilação do ácool etílico em estado puro é atribuída ao químico árabe Alquindo (Al-Kindi), seguindo-se a obtenção de óleos essenciais por destilação pelo médico iraniano Avicena (Alli al-Husyan ibn Sina) no século XI.

A palavra alambique resulta da troca de informações entre gregos e árabes: passa pelo vocábulo grego *ambix* (= vaso), adaptado para o árabe como *al-anbiq* (= o vaso), e remonta à Alquimia do Oriente Médio. O alambique de Geber foi o primeiro destilador com retortas para purificar produtos químicos; precursor, portanto do destilador de whisky conhecido como *pot still*.

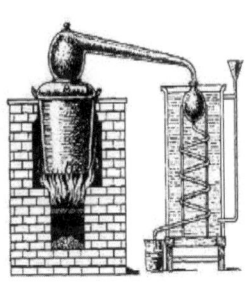

Alambique

NA EUROPA – Com tanta influência árabe no processo, não é de estranhar que a prática da destilação alcoólica tivesse se espalhado pelo continente europeu e nas ilhas britânicas, a partir da Península Ibérica – ocupada pelos árabes de 711 d.C. (batalha de Guadalete) até 1492 (reconquista de Granada) –, e que os resultados procurados, antes das bebidas alcoólicas, tivessem sido perfumes e aromatizantes.

Os primeiros a aprender, assimilar o processo, desenvolver e utilizar continuamente a destilação foram, como sempre, os monges nos mosteiros. As necessidades internas referentes à cura, à profilaxia e à defesa contra o frio invernal, bem como atendimento a peregrinos e passantes, exigiam a disponibilidade de um bom antisséptico e de uma "bebida quente".

Dessa forma, os missionários cristãos que viajaram para a Irlanda entre os anos 1.000 e 1.200, desenvolveram ali a arte de destilar cereais. Em 1.174 d.C., quando da conquista da Irlanda pelo rei Henrique II da Inglaterra, os nativos já conheciam o processo. Daí para a Escócia foi um passo.

AS BEBIDAS ALCOÓLICAS DESTILADAS – A produção de bebidas alcoólicas desenvolveu-se em todos os lugares onde o homem, deixando o nomadismo e adaptando-se à vida sedentária, procurava assegurar por todo o ano a comida, a bebida e a possível alegria de viver, à medida que se civilizava, ou seja, aceitava como boa ideia a paz e a vida em comunidade.

O álcool popularizou-se na Europa, em meados do século XII, particularmente entre os alquimistas. Surge inicialmente como a água ardente (*acqua ardens*) no compêndio da Escola de Medicina de Salerno, na Costa Amalfitana da Itália, onde o processo é apresentado em código. Exemplo disso é a palavra-código "serpente" utilizada para se referir ao condensador espiralado, atualmente conhecido como "serpentina".

Quando os europeus passaram a dominar o processo de destilação, destacou-se o nome de Paracelso, a quem se atribui a palavra álcool.

Paracelso era o apelido do médico suíço Felipe de Hohenheim (1493 – 1541), astrólogo e alquimista educado na Áustria que se fez doutor pela Universidade de Viena.

Ele adotou, em alemão, o nome Alkohol *para esse líquido cristalino, cáustico, incolor, de odor característico, a partir da expressão árabe* Al-Kuhul *(= o dividido), referindo-se ao que acontece na destilação.*

Tornaram-se populares em seguida, especialmente nos países de inverno rigoroso, as bebidas alcoólicas destiladas como as entendemos hoje. As teorias em torno de suas origens são controversas e às vezes não passam de evocação mitológica, orgulho regionalista ou bairrismo.

Investigador eclético, curioso por tudo, o alquimista catalão Arnaldo de Vila Nova foi o primeiro a introduzir o álcool na farmacopeia, depois de aprender com os árabes a maneira de destilá-lo, método que descreveu no seu escrito *De conservanda juventute*, um tratado sobre a longevidade do homem.

Em sua opinião, a aguardente não seria somente um elixir para facilitar a digestão, mas, sobretudo, uma bebida capaz de assegurar juventude e longa vida àquele que a consome com moderação. Esse foi também o pensamento dos consumidores de uísque na Irlanda e na Escócia e, mais tarde, nos EUA.

Arnaldo de Vila Nova, ou Arnaud de Villeneuve, notável alquimista, astrólogo e médico catalão, é considerado o inventor do licor. Viajante incansável, pouco conhecido e nada divulgado, viveu entre 1250 e 1350.

Protegido inicialmente pelos reis de Aragão, na Espanha, aparece a seguir em Montpellier, no sul da França, onde ensina Medicina, mais tarde em Palermo, onde respondeu a chamado de Frederico II da Sicília, e, finalmente, em Roma, na qualidade de conselheiro do papa Clemente V.

Finalmente, entre 1200 e 1400, desenvolveu-se a destilação de líquidos alcoólicos obtidos a partir de cereais (milho, centeio, cevada...) e tubérculos (batata...).

Originaram-se, assim, as bebidas europeias, como o gim na Inglaterra, a aquavit na Escandinávia, schnapps na Alemanha, vodka na Rússia, rakia nos Bálcans e, é claro, o whisky na Irlanda e na Escócia.

Os destilados perpetuaram-se como "água da vida": Aqua vitae ("uisce beatha" ou whisky) na Escócia, akvavit na Escandinávia, Vodka (do eslavo "vody", água) e Eau-de-vie nos países francófonos. Quando os nomes atuais dos destilados finalmente se fixaram nos séculos XVI e XVII, as bebidas correspondentes já eram bem conhecidas dos consumidores, mesmo que ainda não tivessem sido batizadas definitivamente.

O whisky, por exemplo, já era amplamente conhecido e consumido na Escócia no século XV, mas a primeira referência escrita desse nome data somente de 1736.

DESTILANDO WHISKY – A destilação de um Malt Whisky de estilo escocês é realizada em alambique de cobre – o *pot still* –, com sua forma bem característica.

Muitas destilarias no mundo inteiro seguem esse processo.

Conjunto de alambiques

Nesses casos, a maior parte dos whiskies é destilada duas vezes, sendo o primeiro alambique o *wash still* e o segundo, o *spirit still*. O whisky irlandês é uma das exceções, por ser destilado três vezes, na procura de uma bebida ainda mais pura e também mais suave e fácil de beber.

Já os whiskies de cereais – *grain whiskies* – são obtidos em destiladores contínuos *patent still*, também referidos como "de coluna", por consistirem em duas colunas altas, uma destiladora e a outra condensadora, dotadas de bandejas horizontais, que propiciam uma separação eficiente do álcool.

Embora em qualquer dos casos a produtividade seja bastante variável, pode-se dizer que um *patent still* – destilador contínuo – consegue produzir 16 vezes mais álcool por hora do que a destilação tradicional efetuada em alambiques tipo *pot still*.

A etapa da destilação será detalhada no capítulo referente à elaboração.

Primeira Parte

COMO SE ELABORA WHISKY

Agora que sabemos o que é a destilação, voltemo-nos para a elaboração do whisky.

Nenhuma outra bebida destilada tem estimulado a curiosidade e inspirado o interesse dos consumidores como ele. Concorrem para isso várias razões, entre as quais o renovado interesse pelos Single Malts, o surgimento de novas expressões como Cask Strength, Wood Finish e Vintage, e a expansão da produção de alta qualidade fora da Escócia.

Inclua-se também o crescente mercado para destilados representado pelos Brics – e aí está incluído o Brasil –, aliado à descoberta de que a Escócia não é a única origem de whiskies de alta qualidade, nem detém a exclusividade na oferta dessa fonte de prazer, ainda que permaneça à frente de todos os demais, em termos qualitativos e em marcas reconhecidas.

Na sua obtenção, utilizam-se distintos cereais – cevada, milho, centeio... – e sua qualidade sofre influência de fatores como a água, a turfa, os barris de envelhecimento, etc.

Na produção do Malt Whisky, além do famoso malte das Highlands são também usados maltes das Lowlands, das Ilhas (Skye, Islay e Jura) e de Campbeltown.

Na Irlanda, usa-se uma destilação tripla. Na Escócia, apenas duas marcas de whisky de malte usam esse método: a Auchentoshan e a Rosebank, ambas nas Lowlands.

Grafa-se "whisky" na Escócia e no Canadá, "whiskey" na Irlanda e nos EUA, e é dicionarizado "uísque" no Brasil.

Seguindo o costume de toda a literatura a respeito, usaremos neste livro a forma whisky, a menos que estejamos falando especificamente de um whiskey irlandês ou americano.

Vamos, então, começar com as matérias-primas, prosseguir com os fatores de qualidade e a elaboração e dar uma pincelada nos tipos e estilos.

Primeiro capítulo

AS MATÉRIAS-PRIMAS

Existem opiniões diferentes sobre qual o cereal ideal para a elaboração do whisky. Na Escócia, para o Malt Whisky, impera a cevada maltada, destilada em alambique de cobre.

Mas o que os escoceses e os britânicos mais bebem é o Blended Scotch, em cuja elaboração podem entrar trigo e milho, que não passam necessariamente por um alambique, pois podem ser originários de um destilador contínuo.

Na Irlanda, usa-se alternativamente a cevada não maltada, passando por uma destilação tripla. E o Rye Whiskey americano e canadense tem, pelo menos, 51% de centeio.

De qualquer forma, a mistura de cereais situa o whisky em um nível diferente de outras aguardentes, garantindo complexidade, paladar atrativo e ampla gama de sensações agradáveis aos sentidos. E quais são os atributos desses cereais? O que eles aportam para a bebida? Em comum, eles têm a riqueza em amido, transformável em açúcar, de seus grãos.

A CEVADA

Etimologicamente, a palavra "cevada" é o feminino de "cevado", isto é, bem nutrido. E assim é por tratar-se de cereal cujos grãos são "cevados" em amido e proteínas, apresentando enorme potencial fermentativo, razão pela qual é encontrado, em porcentagens diversas, na maioria dos whiskies.

Espiga de cevada   A cevada em grãos   A cevada maltada

A agronomia melhorou o potencial alcoólico da cevada a partir da segunda metade do século XX; todo cuidado foi tomado, porém, no sentido de que o aumento da formação de açúcar não fosse obtido em detrimento do sabor.

De todos os cereais que entram na composição do whisky, a cevada é aquele cuja contribuição para o leque aromático é a mais significativa. Em termos de gosto, ela contribui com uma nuance maltada, lembrando biscoitos, torradas ou torrefação. E se na secagem do malte verde de cevada se utiliza a turfa como combustível, desenvolvem-se notáveis nuances defumadas – o aroma turfoso – no destilado.

Os produtores de whisky dedicam um cuidado especial na seleção da cevada a utilizar, já que ela é a despesa mais importante de uma destilaria.

Inicialmente, os destiladores davam preferência à cevada produzida localmente. A partir da segunda metade do século XIX, passaram a recorrer à importação. Desde 1950, as diferentes variedades de cevada como Spratt, Plumage, Archer, Proctor, Marris Otter, originárias do norte da Inglaterra, do sul da Escócia e do Canadá, vêm evoluindo e deslocando as variedades tradicionais.

A partir de 1960, os progressos tecnológicos, a modernização da colheita e o aperfeiçoamento de sua estocagem permitiram o surgimento de uma nova variedade escocesa conhecida como Golden Promise, que prevaleceu até 1985. Hoje, ela divide a preferência com a variedade Optic.

CEVADA – Nome científico Hordeum Vulgare, *é uma planta cerealífera da família das gramíneas, com espigas de barbas longas na extremidade da haste.*

A germinação dos grãos, seguida da formação de malte, é utilizada na fabricação da cerveja e do whisky. O seu período de germinação pode ser de apenas três dias.

É cultivada pelo homem há cinco milênios, representa a quinta maior colheita em volume entre os cereais e é importante fonte de alimento para pessoas e animais.

Dá-se bem em solos pobres em nitrogênio, pouco férteis, além de tolerar o frio, como acontece nos campos da Escócia: menos nitrogênio no solo, mais açúcares no cereal, o que o torna adequado para a formação da "cerveja" de malte a ser destilada.

A cevada das Highlands escocesas é plena de proteínas, prenunciando um produto final aromático e saboroso.

O uso da cevada como matéria-prima para o Malt Whisky exige três etapas operacionais:

– imersão: o grão de cevada é composto de uma capa que protege o embrião e a bolsa de amido em seu interior. Após a colheita, o embrião "hiberna". Para despertá-lo, torna-se necessária uma imersão em água, triplicando a umidade do grão.

– germinação: o desenvolvimento do embrião em germens que se alongam provoca a desintegração da capa enquanto o amido se esfarela. Em certo momento, o crescimento dos germens é interrompido por aquecimento.

– secagem: feita em estufas ou fornos especiais, aquecidos tradicionalmente por carvão e turfa e modernamente por queimadores que insuflam ar quente. Depois de seca, a cevada maltada tem suas impurezas separadas e é tranferida para a destilaria.

O CENTEIO

Do latim *centenum* – centena –, devido à crença comum de que cada planta desse cereal dá origem a outras cem. Trata-se de cereal cultivado em grande escala para forragem; é tolerante com a acidez do terreno e mais adaptável a condições de seca e de frio do que o trigo. Preferencialmente, é cultivado em regiões frias com terrenos pouco férteis, não sendo, porém, tão resistente ao frio quanto a cevada.

São informações de certo interesse para quem leu o delicioso romance *O apanhador no campo de centeio* (*Catcher on a Rye*, de J. D. Salinger, EUA, 1951), hoje um clássico da literatura americana.

Nos EUA, o centeio é usado tanto na forma maltada quanto na

forma não maltada, e o whiskey rotulado "Rye", como vimos anteriormente, tem, pelo menos, 51% de centeio. A primeira destilaria a elaborar um whisky com 100% de centeio foi a Anchor Distillery, de San Francisco, Califórnia, em 1966.

Grande parte do malte moído empregado no Kentucky e no Tenessee, nos EUA, é de centeio e uma boa razão para isso é sua capacidade de intensificar o sabor da bebida. É cultivado também em Dakota, nos EUA, e em Alberta, no Canadá.

As destilarias canadenses acrescentam centeio para dar *flavour* ao seu whisky. A canadense Alberta Distillers, por exemplo, tem um whisky 100% de centeio.

Esse cereal comparece no destilado com aromas apimentados e de especiarias, conferindo-lhe também sabor de frutas secas e bom corpo.

CENTEIO – Nome científico Secale Cereale, é uma planta cerealífera de haste ereta, com flores hermafroditas que originam espigas. É cultivado sozinho, podendo ser misturado com forragem do gado ou ser colhido como feno. Mantém semelhanças com a cevada e com o trigo.

Usado pelo homem desde tempos imemoriais, há indícios milenares do uso do centeio no vale do Eufrates, ao norte do que hoje é a Síria.

O grão de centeio é utilizado para fazer farinha, ração, cerveja, vodca... e whisky, é claro.

Na desconcertante mas incisiva opinião do especialista Jim Murray (vide Bibliografia), não existiria outro whisky à altura do caráter que se encontra em um Rye com 100% de centeio, com exceção dos Single Malt Whiskies de Islay, na Escócia.

O MILHO

Do latim *milium* – mil (grãos) –, é uma planta de origem sul-americana. Seus grãos foram, no passado, os mais utilizados na produção de whisky. Hoje, na Irlanda e na Escócia, é utilizado somente para estruturar os Blends.

Na elaboração de whisky canadense, utiliza-se até mais o milho do que a cevada ou o trigo. A proveniência são os milharais das planícies de Ontário, Manitoba e Quebec.

É matéria-prima para a elaboração do Bourbon nos EUA, e sua utilização tem origem histórica: à medida que os pioneiros se dirigiam para o oeste, afastando-se da costa atlântica, mais complicado se tornava o cultivo do centeio, da cevada e do trigo.

O milho tornou-se, assim, não somente fator fundamental na alimentação dos colonizadores, inclusive para a produção da broa, como suas sobras foram a matéria-prima para a elaboração de aguardente, assim como hoje ocorre para a obtenção de etanol.

Como tende a acumular mofo, o milho norte-americano tem de passar por uma fase de secagem em que o nível máximo de umidade é de 14%.

O milho confere ao destilado uma nuance untuosa, simultaneamente adocicada e condimentada.

MILHO — Nome científico Zea Mays, *é uma planta de origem americana, cultivada já no período pré-colombiano, da família das gramíneas. Tem caule úmido e forte e conta com flores femininas em sua base e flores masculinas no topo do caule.*

Apresenta uma espiga grossa, com grãos comestíveis ricos em amido dispostos em fileiras próximas umas das outras.

Trata-se de cereal muito conhecido e cultivado, extensivamente utilizado como alimento ou como ração animal, devido às suas qualidades nutritivas, pois contém quase todos os aminoácidos conhecidos.

Respondendo bem a novas tecnologias, seu cultivo geralmente é mecanizado, beneficiando-se de técnicas modernas de plantio e colheita.

O milho é cultivado em diversas regiões do mundo. Ocupa a terceira posição no planeta em volume, seguindo-se ao trigo e ao arroz. Os Estados Unidos, o maior produtor, respondem pela metade da produção mundial.

No início do século XX, o milho era o cereal mais usado nas destilarias de whisky, por ser barato e originar destilados comuns para os pubs. Sua utilização causou muita celeuma na Escócia, pois o milho é o menos britânico dos cereais. Já na América do Norte, essa questão nunca foi colocada. O "whiskey de milho" americano tem, no mínimo, 80 % desse cereal.

O TRIGO

Do latim *triticum*, é em todo o mundo a base da fabricação do pão nosso de cada dia. Como matéria-prima para whisky, é um cereal secundário, usado apenas quando se identifica a vantagem econômica.

A razão para o pouco caso dos destiladores de categoria em relação a esse cereal é que seus grãos não têm invólucro (cereal sem "folhelho"), como tem o milho, não transferindo, portanto, para a bebida, o corpo e a sutileza de sabor deste último.

É utilizado particularmente no Kentucky, EUA, havendo uma razão especial para isso: o trigo confere notas mélicas ao destilado, o que equilibra os atributos mais agressivos de outros grãos usados na elaboração de Bourbon. As destilarias americanas que preferem trabalhar com trigo em lugar do centeio, tais como Bernheim, Maker's Mark, Rebel Yell e Old Fitzgerald, partem do princípio de que o trigo leva a um whiskey mais suave, no qual está ausente a aspereza que o centeio provoca no paladar.

TRIGO – Nome científico Triticum Vulgare, *é uma planta herbácea da família das gramíneas, de haste ereta e grãos dispostos em espigas longas, sem folhelho.*

Seu cultivo exige solos férteis levemente ácidos, com boa drenagem de água. Dando lugar à mais nutritiva de todas as farinhas panificáveis, com alto teor de proteínas, o grão de trigo é um alimento básico para fazer o pão, bem como outros produtos alimentícios.

A origem desse importante cereal é a Palestina e a Pérsia, tendo sido cultivado há milênios também no Egito e na China. Como matéria-prima para destilados, é um produto marginal, sem a mesma presença que a cevada, o centeio e o milho.

Graças aos subsídios da Comunidade Europeia, o trigo foi oferecido às destilarias do Velho Mundo a preços até mais competitivos do que os do milho. Com isso, houve certa moda no seu uso, que se mostrou passageira.

O trigo é um cereal que permanece quase desconhecido na elaboração de whisky, sendo exceções umas poucas destilarias escocesas e o Kentucky.

Segundo capítulo

OS FATORES DE QUALIDADE

Entre os fatores de qualidade, em particular no caso do Scotch, não há dúvida de que a água vem em primeiro lugar. Na palavra de um especialista, "... sem água não haveria whisky: é o único elemento não negociável" (Jim Murray – vide Bibliografia).
Realmente, basta olhar o Atlas Mundial do Whisky para constatar que a localização das destilarias tem a ver com a disponibilidade de água pura nas redondezas.
A própria classificação geográfica dos Single Malts da Escócia, em Lowlands, Highlands, Speyside e Islay, sustenta-se em uma realidade geológica da qual a água é o fator mais importante.
Mas existem outros fatores básicos: as leveduras que agem na fermentação do mosto de cereais, a turfa usada no aquecimento da cevada, os alambiques e destiladores contínuos, o tipo de madeira dos barris de maturação, etc.
Vamos, portanto, nos deter por um momento nos seguintes fatores de qualidade:
– a água
– as leveduras
– a turfa
– o alambique
– os barris

A ÁGUA

Essencial à existência dos seres vivos, a água, em condições normais de temperatura e pressão, é líquida, transparente, insípida, inodora e incolor. A zero grau centígrado ou abaixo disso, é sólida (gelo); a cem graus centígrados ou acima, é gás (vapor d'água).

Quando se fala na qualidade do whisky, a água é um dos tópicos favoritos, já que, sob a forma líquida, é utilizada em todas as fases de sua elaboração:
– adicionada à cevada para promover a germinação dos grãos e a formação do malte;
– misturada ao malte moído para formar o mosto a ser fermentado;
– adicionada ao destilado para diluir seu teor alcoólico antes do envelhecimento.
É assim, por exemplo, que se associa o nome Glenfiddich à sua fonte de água Robbie Dhu, no Speyside;
ao Glen Grant, também no Speyside, as águas de Caperdonich Springs;
ao Laphroig, a barragem de Killbride, em Islay;
ao Glenlivet, no Speyside, a água do Josies Well...
e assim por diante, para falar somente de Malt Whiskies do primeiro time.
Isso sem falar da adição de água na degustação técnica ou de gelo quando o whisky é servido "on the rocks".
Ao sair do alambique, o destilado tem um teor alcoólico de 60 a 70% em volume. A água ocupa, portanto, aproximadamente de 30 a 40% desse produto intermediário, a ser diluído e envelhecido.
A porcentagem de água no destilado tem influência sobre os aromas a serem extraídos da madeira: se a fração de água é maior, serão extraídos compostos solúveis em água; se é menor, predominam compostos solúveis em álcool.

Mesmo as destilarias mais antigas e renomadas estão muitas vezes ameaçadas em sua sobrevivência quando do período de seca nos mananciais.

ATRAVESSANDO A TURFA – Na Escócia, afirma-se tradicionalmente que a melhor água é a que atravessa a turfa sobre o granito, como acontece com os riachos que fluem das colinas para as proximidades da destilaria. É a chamada "água doce". Alguns a consideram a melhor de todas, ainda que seja utilizada na Escócia por apenas umas vinte destilarias, entre elas a Balblair, vizinha de Glenmorangie.

Isso explica por que certos whiskies, como os de Bunnabhain, Tobermory e Glengoyne, que não passam por uma secagem com turfa, apresentam ainda assim uma nuance defumada.

A água inicia seu ciclo sob a forma de chuva e quando cai sobre rochas cristalinas, flui rapidamente, sem entrar em contato com os leitos subterrâneos, apresentando-se pobre de minerais e com certa "doçura" e acidez. Esse é o tipo de água mais comum na Escócia.

Mas existem outras: entrando em contato com solo permeável ou rocha calcária porosa, ela se enriquece de sais minerais. No norte das Highlands, a destilaria de Glenmorangie conta com esse tipo de água.

E há as curiosidades que só a prática permite perceber. Por exemplo: um mesmo whisky da mesma destilaria assume aspectos diferentes, de acordo com as condições da fonte de água. Em época de chuvas fortes, isso pode significar uma água mais turfosa e um sabor mais defumado no whisky, do mesmo produtor, do que em épocas secas.

Muitos países que gostariam de fazer seu próprio whisky não o fazem por falta de fontes adequadas de água. É a falta de água pura a serviço da pirataria...

AS LEVEDURAS

Leveduras ou levedos – do latim *levitus* (particípio passado de *levare*, levantar, pois aumenta o volume de pães e bolos) – são micro-organismos unicelulares, agentes da fermentação. Em um meio líquido açucarado, eles se alimentam dos açúcares fermentáveis – glicose e frutose –, liberando álcool e gás carbônico.

Nas destilarias, forma-se um líquido alcoólico que vai ser destilado em seguida. As leveduras transmitem um caráter marcante ao whisky: por exemplo, aroma ou nuance de fermento ou casca de pão. O interesse pelo assunto, entretanto, é relativamente recente. Modernamente, as destilarias da Irlanda e da Escócia não produzem mais suas próprias leveduras: elas as adquirem de terceiros, em estado seco.

Já no Kentucky, EUA, grande número de fabricantes de whiskey produzem suas próprias leveduras.

As leveduras ou levedos são micro-organismos da família dos fungos providos de uma única célula viva.

Distinguem-se por seu papel de agentes da transformação de açúcar em álcool no processo fermentativo:
– são invisíveis a olho nu, devido ao seu tamanho de milésimos de milímetro;
– sua atividade em um meio líquido pode ser percebida pela visão e pela audição;
– transformam um caldo açucarado em verdadeira caldeira em ebulição, como se pode testemunhar na seção de fermentação das destilarias de whisky.

O biólogo dinamarquês Emil Christian Hansen (1842 – 1909) demonstrou que existem diferentes tipos de leveduras e que é possível criar culturas de certo tipo específico. Assim sendo, ainda que os cereais contenham fermentos naturais, é praxe inocular leveduras de alto desempenho no mosto para dar início ao processo fermentativo.

As leveduras não somente transformam açúcar em álcool, como também aportam, por ação de suas enzimas, certos odores à bebida; ao longo do processo fermentativo, formam-se os ésteres, origem do caráter frutado de tantos whiskies, lembrando damasco, maçã, pera, banana e abacaxi.

Além desses, outros aromas – de flores, de vegetais, de cereais – que surgem na fermentação marcam presença no whisky após anos de envelhecimento.

A TURFA

Trata-se, na verdade, do fator mais evidente na formação do sabor do Malt Whisky na Escócia. Encontrada geralmente em terrenos pantanosos, pode ser retirada, cortada e seca para ser usada como combustível.

A turfa é um solo úmido compressível, cuja água pode ser expulsa sob pressão. Depois de seca, é usada como combustível, sendo que em países como a Escócia e a Irlanda, em que há escassez de madeira, ela é utilizada para cozinhar ou para aquecimento doméstico. O fogo da turfa é usado na secagem da cevada maltada, no início do processo de elaboração do Scotch Whisky, comunicando-lhe o aroma defumado característico, também chamado de aroma turfoso.

Solo com turfa   A turfa como combustível

A turfa tem baixo poder calorífico e alto teor de umidade, razão pela qual, quando queima, gera uma fumaça que seca parcialmente o malte verde, conferindo ao mesmo um toque defumado. Escócia, Austrália e Japão acrescentam turfa ao forno de secagem para dar ao malte esse gosto defumado, de caráter fenólico, recurso pouco usado na Irlanda e nunca nos EUA.

A combustão da turfa origina substâncias fenólicas, como o cresol e o xilenol. A intensidade dos aromas transferidos pela fumaça é função da quantidade de turfa utilizada para secar o malte e da temperatura da queima. Os odores mais distinguidos são os de alcaçuz (lembrando rapadura), de forno a lenha, de cravo, cânfora e eucalipto.

TURFA – Do alemão Torf, é um tipo de solo de cor escura e textura esponjosa, encontrado em camadas em regiões pantanosas (turfa de superfície) e ou sobre montanhas (turfa de altitude).

Resulta da acumulação de matéria orgânica proveniente de detritos vegetais e musgos, não completamente decompostos, em locais de oxigênio escasso, em clima frio.

Por ser inflamável, é utilizada como combustível para aquecimento, quando, então, exala um odor defumado.

O preparador de malte quer fumaça e o tempo de defumação é da ordem de 18 horas. Dá-se o nome de Nível Fenólico ao maior ou menor grau de influência da turfa no sabor.

Onde se requer baixo Nível Fenólico, queima-se uma tonelada de turfa para cada cem de malte. Os que desejam alta presença de defumação ou alto Nível Fenólico queimam uma tonelada de turfa para cada oito de malte.

Nesse ponto, merecem ser destacados também seus aspectos perigosos. Um deles é que qualquer volume de turfa queima indefinidamente, até terminar. O outro é que, havendo oxigênio, acaba queimando também o solo turfoso abaixo, o que pode promover uma autoignição depois do inverno.

Sendo tão compressíveis, mesmo para cargas pequenas, os depósitos de turfa constituem-se em uma armadilha para construtores de estradas e estruturas.

Os whiskies de sabor fortemente defumado ficaram um tanto fora de moda desde que se constatou a preferência de grande número de apreciadores por bebidas mais suaves.

O ALAMBIQUE

Ainda que não se possa ver o que está acontecendo no seu interior, os alambiques de cobre são, de longe, as partes mais fotografadas da destilaria por visitantes.

Não é fruto do acaso o uso do cobre na construção de alambiques. Trata-se de metal maleável que, agindo como catalisador, permite eliminar substâncias sulfurosas indesejáveis. Na verdade, o alambique de cobre forja a tipicidade do whisky nele destilado.

De interesse especial é o chamado *pot still*, por sua utilização na destilação de Malt Whisky. Compõe-se de uma caldeira que tem, acima, um recipiente em forma de cebola.

Qualquer que seja o formato do *pot still*, ele termina em cima por um tubo cônico alongado, lembrando uma "garganta de cisne", que o liga ao condensador.

A forma do destilador, o número e a velocidade das destilações, o aquecimento e a inclinação da "garganta de cisne" são parâmetros influentes na qualidade do Single Malt.

Aquecidos no passado a carvão, os alambiques de aquecimento direto eram equipados no seu interior com braços rotativos arrastando uma corrente para impedir que a cerveja de malte – wash – colasse no fundo ou queimasse.

Atualmente, boa parte dos alambiques é aquecida a vapor internamente, eliminando a necessidade dos braços rotativos.

O alambique tem uma durabilidade média de 25 anos e sua forma é tão importante que as destilarias chegam a reproduzir, nas substituições, até mesmo suas imperfeições, como mossas e concavidades, temendo modificar o gosto do seu whisky.

Na Escócia, a maior parte dos destiladores usa uma dupla destilação, enquanto que, na Irlanda, o procedimento tradicional é o da destilação tripla.

Quando o *pot still* é aquecido até o ponto de ebulição do álcool, os vapores mais leves e voláteis elevam-se e passam pelo "pescoço de cisne", enquanto que os mais pesados retornam ao fundo. Portanto, quanto mais alto o alambique, mais leve será o destilado, como é o caso de alguns Single Malts de Glenmorangie, que ficam em alambiques com mais de cinco metros de altura. Da mesma forma, os de Cardhu, Glenturret e Tamnavulin.

Já os alambiques mais baixos, como alguns da Macallan, favorecem a elaboração de Single Salt com mais corpo. A inclinação da "garganta de cisne" também desempenha seu papel: quando pouco inclinada, permite a passagem para o condensador dos vapores mais leves.

Finalmente, destilações lentas forjam a complexidade do futuro Single Malt de qualidade superior, enquanto que destilações rápidas, obtidas com aquecimento exagerado para acelerar a produção, atuam no sentido de prejudicar a qualidade do destilado.

Para além da eficiência da separação, convém esclarecer que, enquanto o processo de destilação tradicional é descontínuo – após a destilação de um lote, o processo é interrompido para a limpeza do alambique e retomado para novo lote –, no caso do *patent still* a destilação se processa continuamente, sem necessidade de paralisações.

DESTILADOR CONTÍNUO – A destilação contínua é uma operação na qual a mistura líquida é sempre alimentada no processo e as frações são removidas sem parar, com formação ininterrupta de álcool.

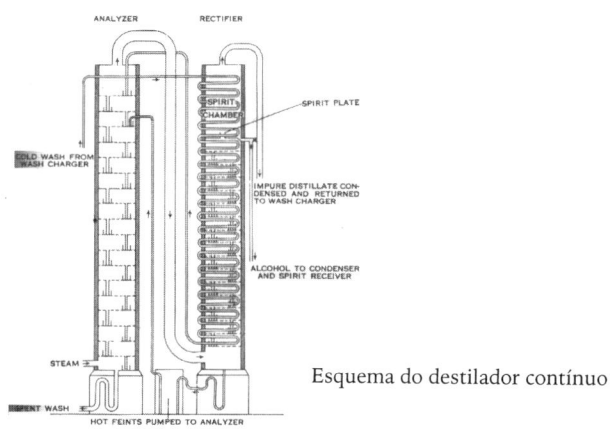

Esquema do destilador contínuo

Isso requer grandes prédios e equipamentos tecnicamente complexos. O consequente alto custo de investimento restringe o uso do processo contínuo entre pequenos produtores. Ela simplesmente inexiste na produção de Malt Whisky.

A ALTURA DAS COLUNAS – Na destilação contínua, em que o destilador é composto por duas ou mais colunas, dá-se o nome de Refluxo ao retorno de vapor da coluna condensadora para a coluna destiladora, criando continuamente uma reciclagem, o que propicia eficiência maior ou menor na separação de álcool para o mesmo número de bandejas.
Os fatores que afetam a pureza do destilado são, então, o Índice de Refluxo e o número de bandejas – quanto mais alta a coluna, mais bandejas.
Numa coluna com alto Índice de Refluxo, a quantidade de líquido que recircula é grande e a torre deve ser larga e baixa. Uma coluna com índice de refluxo baixo necessita de um número maior de estágios e de bandejas, o que requer uma torre mais alta.

Claro está que o ingrediente essencial na destilação contínua é o mosto de cereais. Durante muitos anos, foi utilizado o milho importado como matéria-prima para os destiladores Coffey, na Irlanda e na Escócia.

Nas duas últimas décadas do século XX, esses países passaram a dar preferência ao trigo. Na América do Norte, usam-se, principalmente, milho e centeio.

FUNCIONAMENTO – Um dos objetivos a alcançar é a eliminação de aromas e sabores indesejáveis, ao memo tempo que se concentram os desejáveis.

Dessa forma, o número de colunas utilizadas na destilação contínua é em função do grau de pureza requerido. Em geral, constam entre duas e cinco colunas ou torres de aço inoxidável contendo bandejas de cobre perfuradas em seu interior.

Na versão de duas colunas, uma analisadora e a outra retificadora, o funcionamento é o seguinte:

– o vapor quente penetra pela seção inferior da primeira coluna e

sobe pelas bandejas, cada uma delas funcionando como um destilador individual;
– o álcool e as substâncias aromáticas elevam-se até o topo, de onde são transferidos por uma tubulação para a parte inferior da coluna retificadora;
– forma-se uma contracorrente no retificador com o mosto fermentado alimentado na parte superior, que desce.
– no centro da coluna, o álcool escapa por um tubo de saída e é recolhido.
Nos Estados Unidos, adotou-se um esquema semelhante, em que a primeira coluna, conhecida como *beer still*, funciona como analisadora, e a segunda, que pode ter a forma de um alambique, realiza a retificação.

EFICIÊNCIA – O destilador Coffey é muito mais eficiente em termos produtivos do que o destilador de Geber, e os teores de álcool no destilado aproximam-se de 95% em volume, resultando um produto bem diferente daquele obtido no alambique de cobre.
Mas se a produtividade é maior, há também a dificuldade operacional de se alcançar um equilíbrio adequado entre vapor, mosto e álcool, tarefa que depende da habilidade dos técnicos da destilaria. De qualquer forma, esse método propiciou a utilização de outros cereais, além do malte, como matéria-prima na elaboração de whisky, bem como estimulou a produção dos Blended Whiskies, de sabor mais suave do que os Single Malts e menos caros do que eles, expandindo dessa forma o consumo para um número bem maior de aficionados.

OS BARRIS E A MADEIRA

Terminada a destilação, o envelhecimento da bebida é feito em barricas ou tonéis de madeira usados, nos quais adquire aroma, sabor e coloração particulares. O tempo de envelhecimento varia entre produtores e origens, sendo que, na Escócia, o tempo mínimo é de três anos.

A seleção dos recipientes de madeira tem um efeito marcante sobre o caráter do whisky.

O Malt Whisky é um produto muito delicado para amadurecer em barricas novas. O carvalho novo enriquece a bebida com vanilina e taninos, podendo torná-la adstringente ao paladar. Assim sendo, são utilizados barricas, barris ou pipas já usados anteriormente.

No caso dos whiskies americanos, utiliza-se carvalho novo, conforme determina a legislação. Isso explica por que a fonte mais comum das barricas usadas na Escócia são os produtores americanos de Bourbon e Tennessee, sendo que as barricas de Bourbon impõem um gosto característico de baunilha à bebida nelas envelhecida.

Outra fonte de barricas, ainda que minoritária, é a Andaluzia.

É fácil de explicar: o comércio de jerez a granel entre a Espanha e a Inglaterra é secular. Após a descarga nos portos de Bristol, na Inglatera, e de Leith, na Escócia, a bebida era engarrafada no destino, liberando os cascos de madeira. O retorno dos cascos vazios era muito caro e, assim, as barricas não eram demandadas pelos produtores jerezanos. Podiam ser, então, adquiridos por destiladores escoceses a bom preço. O enriquecimento do gosto do whisky envelhecido nesses cascos foi logo notado.

Os barris de Jerez de segundo uso são os preferidos. Pode-se chegar a uma terceira utilização, mas, nesse caso, ele não é mais classificado como um casco de jerez.

De qualquer forma, as barricas de jerez são mais caras do que as de bourbon e respondem por menos de 10% das barricas importadas pela Escócia para envelhecimento de whisky. Os Malt Whiskies envelhecidos em barricas de jerez recebem valorização especial, pois adquirem maciez e riqueza, além de propiciar aromas de seus conteúdos anteriores, dando mais corpo e uma cor âmbar profunda ao destilado.

Outros cascos usados incluem os que tinham vinho do Porto ou vinho da Madeira, havendo ainda o uso experimental de barricas de conhaque e rum.

O mundo conta com mais de cinquenta tipos de carvalho, mas apenas uns poucos dispõem de propriedades adequadas para envelhecer o whisky. O mais utilizado é o carvalho branco (quercus alba) *do nordeste dos Estados Unidos, cuja madeira encurva-se com facilidade e cujos grãos são duros e compactos, sem porosidade e permeabilidade. É usado, sobretudo, no envelhecimento de bourbon.*

Certos carvalhos europeus (quercus robur, quercus sessilis...) *são bastante requisitados pelas destilarias escocesas depois de usados no amadurecimento do jerez oloroso, na Andaluzia. Seus grãos são muito mais macios que os do* quercus alba, *propiciando uma extração adequada dos aromas da madeira.*

O mesmo acontece com o carvalho francês do Limousin (quercus pedunculata) *após seu uso no amadurecimento do cognac.*

Com o decorrer do tempo, as destilarias acumulam grande quantidade de barris de tipos e origens distintos.

Com isso, existe a possibilidade de que certos Single Malts sejam envelhecidos de acordo com a vontade dos clientes. Se a quantidade a engarrafar é pequena, podem-se selecionar as melhores barricas e partir para uma mistura equilibrada, usando-se uma proporção entre barricas de jerez (procedentes da Andaluzia), bourbon (procedentes do Kentucky) e Porto (procedentes da cidade do Porto), de acordo com a disponibilidade em estoque.

A maturação lenta do whisky se dá em recipientes de carvalho de capacidades volumétricas diversas. Entre eles, destacam-se:

– Os barris de bourbon de 180 litros; usados há séculos no envelhecimento de destilados americanos e que foram introduzidos na Escócia por volta de 1930, respondendo, atualmente, por 90% ou mais da demanda escocesa.

São desmontados no Kentucky e exportados para a Escócia sob a forma de aduelas para nova montagem, após a qual são submetidos a uma tostagem interna mais ou menos profunda.

– Os barris de 250 litros denominados *hogsheads* – constituem-se de aduelas de barricas de bourbon desmontadas, às quais se adicionam mais aduelas, novas ou usadas.

– Os barris de jerez de 480 a 520 litros (Sherry butts na Escócia, Botas de Jerez na Andaluzia). Os mais caros do mercado, cada vez mais difíceis de encontrar.

– Os barris de carvalho americano de 480 a 520 litros, denominados *puncheon*, feitos de carvalho branco americano e introduzidos na Escócia nos anos 1960. Usados principalmente para whiskies de cereais, tendem a desaparecer.

Terceiro Capítulo

A ELABORAÇÃO

Passemos, então, a ver de que forma o talento humano une as matérias-primas citadas aos fatores de qualidade e à tecnologia e os transforma em whisky.

Na realidade, apesar dos avanços tecnológicos, dos conhecimentos científicos e do desenvolvimento do processo de destilação, a sequência e a essência da elaboração dessa bebida pouco mudaram ao longo dos tempos.

Talvez a grande diferença tenha sido a troca parcial dos antigos alambiques de cobre, de origem árabe, pelos destiladores de coluna desenvolvidos na Grã-Bretanha na Era Industrial, lembrando, porém, que o Scotch Malt Whisky segue sendo obrigatoriamente destilado nos alambiques conhecidos localmente como *pot still*.

A destilaria escocesa tradicional, marca registrada da Escócia, é uma construção ampla, de arquitetura simples, interiorana, muitas vezes em meio a uma paisagem verde, linda, aprazível.

Na obscuridade do longo inverno ou na luminosidade do verão curto, os operadores repetem sempre o mesmo trabalho, de forma pacífica e silenciosa. Dessa forma, a fábrica de whisky típica é um lugar onde reina a tranquilidade da vida rural, em nada lembrando uma tumultuada atividade fabril.

Em um ou dois níveis sucedem-se os diversos galpões onde a cevada torna--se malte por germinação, o malte torna-se cerveja por fermentação, a cerveja torna-se spirit *por destilação, o* spirit *torna-se whisky por amadurecimento.*

O espaçoso edifício da fermentação, com seu odor de cervejaria, está repleto de recipientes e tubulações. O seguinte contém as caldeiras escondidas e as estranhas cabeças dos alambiques de cobre, cujo formato parece de coisas que perderam o contato com o mundo atual.

No depósito de maturação, as barricas parecem entregues a um sono eterno...

Nos sucessivos galpões, cada uma das etapas da elaboração propicia ao produtor certo grau de controle prévio sobre a qualidade do produto final; dessa forma, o gosto do whisky resulta não apenas da destilação, mas também da maltagem, do uso ou não de turfa no aquecimento, da fermentação da "cerveja", do tempo de envelhecimento em barris, do tipo de madeira desses barris e de qual o uso anterior deles, antes de chegar à destilaria.

Na degustação, muitos dos atributos percebidos podem ser atribuídos a uma ou mais dessas etapas.

ETAPAS – A elaboração de whisky envolve pelo menos oito estágios antes do engarrafamento, a saber:

Recepção
Maltagem
Secagem
Moagem
Fermentação
Destilação
Diluição
Envelhecimento

Os Malt Whiskies da Escócia são elaborados por um processo de corrida, cada volume sendo produzido, por sua vez, em alambique de cobre. Posteriormente, por ocasião do engarrafamento, várias corridas são misturadas para que a bebida engarrafada no momento atinja sabores consistentes com os anteriores e com os próximos.

Como ainda assim ocorrem variações, intencionais ou não, claro está que certas destilarias conseguem criar expressões mais continuamente consistentes do que outras.

Além disso, as destilarias resolvem às vezes mudar suas expressões, de modo a atrair mais aficionados ou conquistar outros tipos de compradores.

RECEPÇÃO: *o cereal chega à destilaria* – A cevada – ou outros cereais em grãos – é recebida na instalação, seguindo-se seu armazenamento em galpão coberto.

Nesta fase, procede-se à remoção de impurezas: o cereal é mexido e peneirado, para separar e remover corpos estranhos. Depois, é mergulhado em tanques especiais.

MALTAGEM: *quando se dá a formação do malte* – Quem elabora bebidas em nível industrial não pode ficar esperando pela germinação natural dos grãos, demorada e irregular. O processo de germinação – formação de brotos ou germens nos grãos – envolve essencialmente três fatores: água, ar e calor.

A cevada chega com um teor de umidade de 12%, insuficiente para germinar logo. É então embebida em água quente até que o teor de umidade atinja 40%.

Acelera-se assim o processo. A temperatura deve ser controlada, evitando superaquecimento; para isso, o ar umidificado é insuflado e passa através dos grãos.

Dá-se o nome de malte à cevada – ou outro cereal – em que já começou o processo de germinação, mas cujo amido ainda não foi utilizado.

Quando os brotos ou germens atingem certas dimensões, o encarregado reconhece que os teores de açúcar estão no ponto. Nesse momento, os grãos são levados ao forno de secagem.

Na germinação – o surgimento e crescimento de germens ou brotos nos grãos – dividem-se naturalmente os componentes do amido, de forma que ele se transforme em açúcar.

Depois de limpos, os grãos são mergulhados em água e deixados de molho em tanques de infusão de fundo chato ou, modernamente, tanques cônicos, mais fáceis de limpar, por um período de 48 a 60 horas.

O grão estufa e, na sequência, é espalhado em finas camadas em piso apropriado, aquecido, o que provoca a germinação. Remexe-se o cereal continuamente, homogeneizando a temperatura dos grãos de baixo com os de cima. Os grãos são constantemente regados a água e revolvidos com pás de madeira.

Quando os germens assumem o comprimento de 10 mm, fecha-se a água e o grão é conhecido como malte verde.

A maltagem, que no passado era a seção de mão de obra mais intensiva nas destilarias, agora se processa preferencialmente em instalações industriais separadas.

Ressalve-se que boa parte da cevada maltada é hoje obtida em fábricas independentes, onde é adquirida pelas destilarias sob encomenda.

Nos contratos de compra, são especificados o tamanho dos grãos e o teor de umidade, e no fornecimento o malte vem acompanhado de uma previsão de rendimento a ser comparado posteriormente com o rendimento realmente obtido na destilação.

SECAGEM: *como se forma o malte seco* – A germinação é interrompida por aquecimento depois de três a cinco dias, antes que o amido se transforme em açúcar. O malte verde é transferido para um forno de secagem (*kiln*) aquecido pelo vapor quente originado do fogo na parte inferior.

Em algumas destilarias, acrescenta-se a turfa ao fogo; sua fumaça agrega um sabor defumado ao malte. Outras fontes de calor são o óleo combustível, o carvão ou, modernamente, a eletricidade.

A etapa de secagem é comum aos processos novos e antigos, e o cereal seco, tostado e quebradiço é peneirado para a remoção dos germens ressecados.

As destilarias tradicionais têm seu próprio piso de maltagem, onde os grãos são mexidos regularmente. A ventilação dessas alas é feita por uma espécie de chaminé de forma particularizada, lembrando um pagode chinês – pagoda roof –, *que pode ser avistada de longe pelos visitantes. Eles gostam de fotografá-la, para manter a lembrança.*

As destilarias mais novas ou as antigas que se modernizaram utilizam malteadores industriais – maltsters –, *nos quais o malte é preparado industrialmente segundo especificações definidas e rígidas. Os pagoda roofs aparecem também nesse caso, mas apenas como ornamento para manter a tradição arquitetônica.*

A passagem do cereal por fornos de secagem é responsável, em parte, pela nuance defumada de muitos whiskies. Uma razão é a utilização da turfa como combustível no aquecimento. Em Islay estão as destilarias dos três Malt Whiskies mais defumados – ou turfados – da Escócia, a saber: Ardbegh (ard-beg), *Laphroaig* (la-fróig) *e Lagavulin* (laga-vúlin).

MOAGEM: *preparo da farinha rica em amidos* – O malte seco é então moído, transformando-se numa farinha (*grist*).

Teoricamente, quanto mais fina a farinha obtida, mais açúcar pode ser extraído e mais álcool será obtido. A finalidade da moagem, portanto, é extrair o máximo de substâncias fermentáveis dos grãos.

Ao prover temperatura ótima na farinha moída, a água quente ativa as enzimas que agem então sobre o amido, convertendo-o em açúcar. A farinha é colocada em infusão na água quente, operação que libera o açúcar da cevada e forma um líquido açucarado – o mosto (*wort*) –, ao qual vão ser adicionadas leveduras (levedo ou fermento).

A extração se dá em uma caldeira de aço inoxidável (*mash tun*). O líquido é esfriado e transferido para os tanques de fermentação.

FERMENTAÇÃO: *formação da "cerveja"* – Nessa fase, acrescenta-se levedo ao mosto, mantido a uma temperatura em torno de 70º C, em grandes cubas de madeira ou aço inoxidável de 1.000 a 5.000 litros (*washback*).

O açúcar transforma-se em álcool, gás carbônico e centenas de outros componentes, por ação de leveduras selecionadas.

O gás forma espuma e escapa para a atmosfera ou é coletado para outros usos; para que a espuma não transborde, é usada uma pá rotativa.

Após um período fermentativo de 40 a 70 horas em que as leveduras trabalham convertendo açúcar em álcool, surge uma bebida fermentada doce, quente e turfosa, com teor alcoólico entre 5 e 9% em volume.

Assim como no caso do vinho, outras reações enzimáticas realizam-se simultaneamente e são responsáveis pelo leque aromático da bebida, próprio de cada destilaria.

O líquido alcoólico resultante é denominado *wash*, um fermentado do malte que lembra uma cerveja bruta. Até aí a operação se assemelha – com exceção da aromatização por lúpulo – à elaboração da cerveja.

DESTILAÇÃO: *a obtenção do whisky no estado bruto* – O líquido obtido após o processo fermentativo é colocado no destilador: alambique ou *pot still* no caso do Malt Whisky, e destilador de coluna, *patent still* ou *coffey still*, quando se trata de Grain Whisky.

A cerveja é bombeada para os alambiques de cobre para ser destilada: um maior para a primeira destilação, outro menor para a destilação definitiva, sabendo-se que a forma do alambique influi decisivamente no gosto da bebida.

A cerveja é aquecida a uma temperatura entre 77 e 100º C, O álcool, que tem ponto de ebulição inferior ao da água, se vaporiza, sendo coletado em um condensador submerso em água fria.

A temperatura mais baixa força o vapor a se condensar, voltando à forma líquida com 20 a 40% de álcool.

Este *spirit*, conhecido como *low wine*, é bombeado para um segundo destilador – o *spirit still* – e redestilado até se conseguir um destilado com 60 a 70% de álcool. Muito do corpo do whisky final vem da forma e dimensões dos alambiques, e quando o destilador se desgasta são tiradas medidas precisas dele para que os novos sejam exatamente iguais.

O alambique de segunda destilação é menor. Aplica-se calor no alambique de segunda destilação e os vinhos baixos fervem, condensando e recolhendo os vapores.

Não se aproveita toda a porção destilada. As porções chamadas cabeça e cauda – a parte inicial e a parte final de cada "fornada" – são descartadas e recicladas, com o seu retorno ao destilador, passando por uma segunda destilação.
Somente a parte do meio prossegue. Nesse momento, o destilado chega a ter 70% de álcool; no final da destilação, o teor vai diminuindo.
O objetivo dessa fase, a alma de todo o processo, é "concentrar" o álcool e os aromas desejáveis, expurgando o resto.
Iniciando-se com 100 mil litros de "cerveja" a 8% de álcool, termina-se com 8 mil litros de spirit *a 68% de álcool.*
Como veremos, esse spirit *vai perdendo álcool por evaporação durante o estágio de maturação e normalmente é reduzido a 40% de álcool por adição de água desmineralizada antes do engarrafamento.*

DILUIÇÃO: *reduzindo o teor de álcool para um nível civilizado* – Trata-se de conduzir o teor alcoólico do whisky, inicialmente com cerca de 60% em volume, para um teor mínimo de 40%, o que se consegue pela adição gradual de água desmineralizada.
Isso provoca secundariamente a precipitação e concentração de ácidos graxos do álcool, modificando os aromas e o sabor da bebida.
O impacto da diluição sobre o aroma e o sabor é nítido: whiskies não diluídos apresentam tal concentração alcoólica que se aconselha, na degustação, a adição de um pouco de água, com a finalidade de liberar os odores mais delicados de seu leque aromático.

ENVELHECIMENTO: *a obtenção da cor e dos aromas* – O líquido recém destilado é acondicionado em barris de carvalho para amadurecer. Nesse período, o whisky adquire a sua cor e seus aromas. Utilizam-se, para isso, barris que antes tenham sido usados para jerez (ou Sherry) ou Porto ou bourbon.

No caso do Malt Whisky, muitas vezes os barris são aqueles que serviram para envelhecer o jerez. Deve-se impedir que o aroma de madeira seja realçado na bebida e, por esta razão, não são utilizadas barricas novas.

Na Escócia, todo whisky deve amadurecer pelo menos por três anos em barricas de carvalho; o Single Malt permanece por mais tempo. A bebida continua a evoluir e sofre mutações enquanto estacionada na madeira, não sendo incomuns amadurecimentos por vinte anos ou mais.

Durante a permanência na barrica ou tonel, o teor de álcool diminui por evaporação, sendo o volume evaporado conhecido como "a parte dos anjos" (*angel's share*).

FILTRAGEM – Os Blended e Malt Whiskies são filtrados para que qualquer possível depósito seja separado e eliminado.

Algumas marcas usam o sistema de filtragem a frio, que consiste em abaixar a temperatura da bebida, o que a faz turvar e provocar depósito, removido com maior facilidade dessa forma. Voltando à temperatura ambiente e livre dos sedimentos, o whisky readquire o seu brilho usual.

Nos Estados Unidos, usa-se, em alguns casos, o chamado Lincoln County Process, também conhecido por Adoçamento por Carvão, pelo qual o destilado novo – localmente chamado *white dog* – passa por um filtro de carvão com uma camada de açúcar, o que suaviza a bebida.

ENGARRAFAMENTO – Depois dessa fase, o whisky está pronto para o engarrafamento, selagem e rotulagem. O engarrafamento, nas maiores destilarias, é feito mecanicamente, por máquinas automáticas. Nas menores, essas operações são conduzidas manualmente.

No rótulo são mencionados, obrigatoriamente, o tipo de whisky e a idade, quando se trata de um whisky velho. No caso de um Blended Whisky, o que se indica é a idade do mais novo dos whiskies da mistura. Exemplo: se no rótulo for mencionado 12 anos, o whisky mais novo dessa mistura deve ter 12 anos.

Para ser denominado Single Malt Scotch, a garrafa deve conter exclusivamente whisky destilado de cevada maltada de uma única destilaria. Se a garrafa é o produto de whiskeis elaborados em várias destilarias, o whisky é denominado malte misturado – Blended Malt ou malte de tanque (*vatted malt*).

Se o Single Malt é misturado com Grain Whisky, o resultado é um Blended Scotch Whisky e o número de anos indicado no rótulo refere-se ao whisky mais jovem da mistura.

O produto proveniente de uma única barrica é engarrafado e expedido como Single Cask.

Enquanto que raros whiskeis não diluídos – *cask strength* – chegam a ostentar teor de até 60%, a grande maioria é diluída em água antes do engarrafamento – *bottle strength* –, para algo entre 40 e 46 %. Note-se que, diferentemente do vinho, o processo de envelhecimento do whisky não tem continuidade na garrafa.

Na Escócia, existem engarrafadores independentes, como Gordon & MacPhail, Murray McDavid, Signatory e Hart Brothers, que compram barricas de Single Malts e os engarrafam imediatamente ou estocam para uso futuro. Alguns deles começaram como comerciantes que compravam o whisky na barrica e providenciavam o engarrafamento para venda no varejo.

O processo de engarrafamento, nesse caso, é o mesmo das destilarias, com a importante diferença de que os independentes não têm acesso às fontes de água da destilaria e, assim, diluem com outra água.

Além disso, os engarrafadores independentes não têm o mesmo grau de preocupação com a manutenção de um estilo peculiar ano a ano dos produtores de renome.

Assim sendo, entre os independentes há um maior volume de whisky engarrafado como Single Year ou Single Cask.

Quarto Capítulo

TIPOS E ESTILOS

O fato de ter se desenvolvido em tempos distintos, em países diversos de quatro continentes, fez do whisky uma bebida destilada dos mais diversos tipos e estilos. Tais distinções têm por fundamento as diferenças nos cereais utilizados – se um dos tipos de cevada, milho ou centeio – e nos fatores de qualidade – água, turfa, barricas... – disponíveis regionalmente.

Se fizermos uma distinção de caráter geográfico, podemos selecionar pelo menos 12 tipos internacionais, a saber:

a) Quatro grandes grupos de whisky escocês, bidestilado e amadurecido na Escócia, a partir de cevada maltada e outros cereais:
- **Scotch Whisky**, de cevada maltada mesclada com outros grãos.
- **Malt Scotch Whisky**, de cevada maltada, destilado em alambique de cobre.
- **Blended Scotch Whisky**, mistura de vários whiskies.
- **Blended Malt Whisky**, mistura de vários Malt Whiskies.

b) Quatro grandes grupos de whiskey americano:
- **Bourbon**, de milho, amadurecido por dois anos em carvalho tostado.
- **Tenessee Whiskey**, em geral de milho, purificado em filtro de carvão.
- **Rye Whiskey**, ou apenas **Rye**, com um mínimo de 51% de centeio.
- **Corn Whiskey**, com 80% de milho, sem período definido de maturação.

c) **Irish Whiskey**, tridestilado, amadurecido por três anos, no mínimo, na Irlanda (do Norte ou do Sul).

d) **Canadian Whisky**, majoritariamente de milho e centeio, destilado e amadurecido no Canadá por pelo menos três anos em barricas usadas, sendo admitida a adição de bourbon nos Blended.

e) **Whisky Japonês**, de caráter escocês, por ter sido calcado pelos especialistas nipônicos no modelo do Scotch.

f) **Whisky Indiano,** à base de trigo, melaço ou arroz, sem maturação.

Nos capítulos referentes a cada um dos países, os tipos acima, e alguns de seus estilos, serão vistos em detalhe, incluindo exemplos das marcas mais significativas.

Segunda Parte

ONDE SE ELABORA WHISKY?

Claro está que o principal produtor de whisky no mundo é a Escócia. Daí saem os grandes Single Malts e Blended Whiskies do mundo.
Ela não está sozinha, porém: a Irlanda e outros países europeus elaboram a bebida com distinção, bem como os EUA e o Canadá. Também na Ásia e na Oceania, vamos encontrar destilarias produzindo whiskies dos mais variados tipos e estilos.
Na Escócia, ocorre uma corrida contra o tempo, para que não se repitam os problemas de superprodução e de táticas comerciais equivocadas que levaram, por exemplo, Campbeltown a reduzir drasticamente o número de destilarias, limitada agora a duas. Mas as oitenta do Speyside e outras tantas das Highlands e das Lowlands aí estão para afastar qualquer hipótese de declínio.
Os EUA contam com as destilarias do Kentucky e do Tenessee para manter seu padrão próprio, independente do que se faz em outros países, usando milho e centeio.
Algo semelhante pode-se dizer das fábricas de whiskey canadense à base de centeio de Ontário e de Quebec, com seus internacionais Canadian Mist e Canadian Club.
Na Ásia, o Japão procura imitar o whisky escocês dentro do possível, com bastante sucesso em alguns casos, enquanto que a Índia e o Paquistão dividem-se entre o "whisky" de melaço e os que seguem a fórmula escocesa. Taiwan entrou recentemente na briga com uma destilaria moderna, automatizada, telemonitorada da Escócia.
A Oceania, finalmente, entrou no mercado nos anos 1980, através de dez destilarias, oito delas no sul da Austrália e duas na Ilha Sul da Nova Zelândia.

Finalmente, digamos sem medo de errar: a expressão máxima da bebida é o Malt Whisky escocês. Sejam os destilados suaves, claros e sutis do Speyside, com suas notas frutadas e mélicas, sejam os intensos e turfosos de Islay, com seu toque defumado – nada os supera.

Quinto Capítulo

NA ESCÓCIA

Permitam-me lembrar, meus caros, que as diferenças na bebida entre países – ou entre regiões do mesmo país – têm origem no tipo e características dos cereais utilizados, na qualidade e no caráter da água empregada, e no método de elaboração e envelhecimento. Dá-se o nome de Scotch ao whisky totalmente elaborado na Escócia – seja nas Highlands, as terras altas ao norte, nas Lowlands, as terras baixas ao sul, ou nas ilhas –, feito de cevada ou milho, em alambique ou em destilador contínuo.

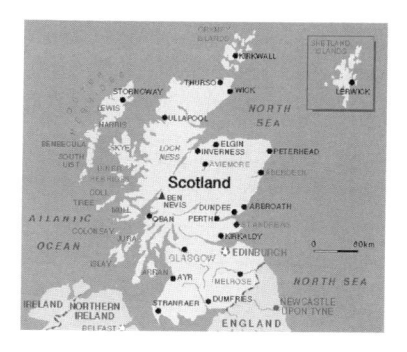

A maioria dos whiskies escoceses no mercado é uma mistura ou blend desses tipos diversos, o que dá origem a uma bebida de aroma agradável, não muito pronunciado, e inconfundível.

DEFINIÇÃO – Em 1906, teve início no Conselho do Bairro de Islington, em Londres, o caso conhecido como "O que é o Whisky" ("What is Whisky?"). Convocada uma Comissão Real para trabalhar no caso, o whisky escocês foi definido legalmente em 1909. A definição foi mais tarde incorporada à Lei Britânica de Finanças, tendo recebido modificações em 1980, para introduzir o sistema de medição do teor de álcool recomendado pela Organização Internacional de Metrologia e incorporar a exigência de que o envelhecimento se realize na Escócia.

De forma simplificada, a legislação britânica em vigor estabelece que:
– a palavra "whisky" representa a aguardente obtida por destilação de um mosto de cereais sacarificado pela diástase do malte, fermentada por ação de leveduras, destilada a um teor de até 94,8% e envelhecida em tonéis de madeira por um período nunca inferior a três anos;
– a expressão "scotch whisky" ou whisky escocês representa o whisky destilado e envelhecido na Escócia. "Blended Scotch Whisky" ou whisky escocês de mistura representa uma mistura de vários destilados, cada um em separado, com direito à denominação "Scotch Whisky".

O Scotch Whisky, ou simplesmente Scotch, objeto do presente capítulo, é inimitável, pois na Escócia encontram-se condições especiais para o cultivo da cevada adequada, fontes de água pura como as que afloram de formações de granito vermelho e atravessam regiões de musgo e turfa, além da utilização centenária dos alambiques de cobre, tudo isso atribuindo características singulares ao destilado. O Scotch deve a sua qualidade também à qualidade da turfa usada na secagem do malte, à pureza da água das Highlands e ao clima úmido da Escócia que, por si só, é garantia de qualidade no envelhecimento do whisky.

Pode-se falar em 130 whiskies escoceses elaborados em mais de cem destilarias diferentes, dos quais cerca de quarenta levam o nome da destilaria original. Além disso, contam-se mais de dois mil Blends e a qualquer momento pode surgir um novo.

UM POUCO DE HISTÓRIA – A história do whisky na Escócia merece uma menção especial, tanto pelas passagens curiosas quanto por sua ligação com a própria história escocesa.

Tendo conhecido os segredos da destilação, os quais lhes foram contados pelos missionários vindos da Península Ibérica, os monges da Irlanda passaram a destilar aguardente de cereal. No processo de evangelização, contribuíram para que o segredo se espalhasse até o norte da Escócia – as Highlands –, através de outros religiosos lá estabelecidos.

Mesmo que os monges obtivessem álcool em toda a Europa, foi

na Escócia que eles encontraram o mais formidável de todos os *terroirs* para o destilado de cereais.

Na Antiguidade Clássica, a parte norte da Grã-Bretanha era habitada por tribos celtas, cujos guerreiros eram apelidados de Pictos (= pintados) *pelos romanos, devido às tatuagens que ostentavam. Entre os povos pictos, destacaram-se os caledônios – de onde o antigo nome Caledônia para a região – e os escotos, temíveis vizinhos da Bretanha, sempre a fustigar os invasores, e que acabariam dando o nome de Escócia ao país.*

Segundo a tradição escocesa, a denominação escoto vem do nome da legendária mulher egípcia Escota, esposa do rei celtíbero Milesius, que planejou a invasão da Irlanda por volta de 1700 a.C. Diz a lenda que Milesius teria morrido antes da invasão, mas a rainha teria completado a viagem.

Em 560 d.C., o ativo monge irlandês Frei Colomba – mais tarde canonizado como São Colomba –, depois de fundar diversos mosteiros na Irlanda, partiu para Iona, uma das Ilhas Hébridas, onde implantou uma casa de sua ordem religiosa. Dali partiriam, posteriormente, vários grupos missionários para evangelizar e apaziguar os pictos.

Quando Kenetth MacAlpin, rei dos escotos, apoderou-se do reino picto em 850 d.C., as tribos dos pictos estavam evangelizadas e tornadas cristãs em boa parte, havendo diminuído sua agressividade. Assim, os descendentes de MacAlpin dominaram a região por quatro séculos. No início do século XI, os sucessores macalpinos impuseram sua autoridade também às demais regiões e nascia a Escócia.

A independência do país viria a ser reconhecida pelos ingleses bem mais tarde, em 1328, pelo Tratado de Northhampton.

Tendo "absorvido tecnologia" com os religiosos, os fazendeiros escoceses desenvolveram o costume de fermentar sobras nas colheitas abundantes, destilando, em seguida, o fermentado. para obter uma bebida mais forte e duradoura. Acabaram por encontrar no processo um meio de vida, ao surgir um nicho de mercado para o destilado.

No início, os proprietários das terras altas tinham seu próprio alambique. O destilado era certamente áspero e adstringente, com uma nuance pungente de fumaça. Somente os descendentes dos pictos poderiam suportá-lo.

A nova bebida foi bem acolhida, não demorando a surgir produtores independentes. Afinal de contas, sua ingestão era revigorante durante os longos e frios invernos e estimulante nas batalhas – vide a história do conde de Moray, de Aberdeen, conhecido como Macbeth, que usurpou o trono escocês ao vencer o rei Duncan, façanha imortalizada na peça de Shakespeare. Além de ser parte importante da vida social no país, o destilado sempre foi servido como boas vindas às visitas.

O conhecimento sobre a obtenção de whisky na Escócia viria a ser reforçado no início do século XIV, quando membros da família irlandesa dos MacVey (ou MacBeath), médicos da corte de Ulster, traduziram para o gaélico textos de Medicina em latim, com informações técnicas sobre a destilação, por sua vez traduzidos do árabe.

Os Mac Vey eram dados como "doutores sábios" e, ao se transferirem para a Escócia, logo foram feitos médicos hereditários da casa real.

PRIMEIRAS REFERÊNCIAS – A primeira referência escrita, fora da Escócia, ao que hoje é whisky – e que era "água da vida" ou *aqua vitae* naquela época – consta dos Anais de Clonmacnoise na Irlanda, edição de 1405, nos quais se descreve a morte de um comandante, no Natal, "por ter tomado aquavitae em excesso".

Já o mais antigo documento escocês, citado por todos os livros sobre whisky – e, por que não, neste também – é de 1494, duzentos anos depois da queda da dinastia macalpina, 166 anos após a independência escocesa e noventa anos depois da citação irlandesa. Encontra-se no arquivo do Registro do Tesouro Público da Escócia – os Exchequer Rolls – um documento daquele ano que diz o seguinte:

"Eight Bolls of barley to Friar John Cor, by order of the king, to make aquavitae". (Oito medidas de cevada para Frei John Cor, por ordem do rei, para produzir aguardente.)

O laborioso frade John Cor – muito citado, pouco conhecido – pertencia à Ordem dos Beneditinos na Abadia de Lindores, na Escócia, onde era encarregado da destilação da aguardente de cereais.
"Boll" era uma unidade de volume usada para medir a cevada contida em recipientes de madeira e sabe-se que oito "Bolls" seriam suficientes para produzir 1.500 litros de destilado.
A citação deixa claro que a elaboração de *aqua vitae* já era uma prática bem estabelecida na segunda metade do século XV e que os monges já dispunham então de alambiques de certo porte.
Inicialmente, a *aqua vitae* de cereais era enaltecida por suas qualidades medicinais, sendo prescrita para preservar a saúde, aumentar a longevidade e curar cólicas, paralisias, varíola e outras doenças ou desconfortos. Acabou tornando-se parte de todas as fases da vida dos escoceses: do berço à terceira idade.
No início do século XVI, sendo rei James IV, o Tesouro da Escócia exigiu o pagamento de impostos especiais, sob a designação "Impostos para a Água da Vida do Rei". E no ano de 1505 – digamos, para nos situar, pouco depois do descobrimento do Brasil –, a Corporação dos Cirurgiões Barbeiros de Edimburgo monopolizou, por concessão real, a destilação na Escócia.
Como resultado da dissolução dos Mosteiros na Escócia em 1560, o conhecimento que os frades tinham da destilação foi abarcado pela comunidade, desenvolvendo-se, então, a produção doméstica.

ETIMOLOGIA – O termo latino para denominar o líquido alcoólico resultante da destilação de cereais era aqua vitae – a água da vida – ou, em gaélico irlandês, *uisce beatha.*
Transferida para a Escócia, a expressão tornou-se usquebaugh, *tendo sido grafada* iskie bae *em documento de 1583. Em 1618, o destilado já era referenciado por escrito como Viskie ou Whisky. Assim, a palavra whisky é uma maneira inglesa de dizer* usque *ou* usgue, *que, por sua vez, é a palavra* usguebaugh *encurtada.*

MELHORIAS E CLANDESTINIDADE – Durante os três séculos decorridos entre 1400 e 1700, os alambiques e demais equipamentos utilizados e a falta de conhecimento técnico-científico nas destilarias tornavam o destilado muito potente e até mesmo nocivo para a saúde.

Documento do século XVII orienta cautela no consumo do popular *usguebaugh*: "Duas colheres dessa bebida são suficientes; se alguém excede essa dose, perde logo a respiração e coloca sua vida em risco". A popularidade da bebida atraiu a atenção do Parlamento Escocês, que passou a taxar não somente o produto final, mas também o malte. A primeira taxa imposta pelo Parlamento Escocês sobre a produção de destilados, em 1644, tinha por objetivo ajudar nofinanciamento do exército escocês no esforço de guerra contra Charles I da Inglaterra.

A PRIMEIRA DESTILARIA OFICIAL – Durante muitos anos foram sendo instaladas destilarias clandestinas, de pequeno porte, pela Escócia.
A primeira destilaria mencionada num documento oficial foi implantada na localidade de Ferintosh, na Ilha Negra – Black Isle *–, em 1670, por iniciativa do empresário escocês Duncan Forbes.*
Quando, vinte anos depois, sua propriedade foi saqueada por seguidores de James II, rei da Inglaterra, da Irlanda e da Escócia, Mr. Forbes reclamou na Justiça uma indenização e ganhou a ação, tendo-lhe sido concedido o direito de destilar whisky nas suas terras sem pagar imposto.
Esse direito foi mantido até 1784, o que permitiu à família Forbes destilar mais da metade do whisky produzido na Escócia durante quase um século.

Ao longo dos séculos XVII e XVIII, os métodos e a qualidade foram aperfeiçoados, sendo alcançado então progresso sensível na adequação do produto para o consumo regular, ainda que a maioria absoluta das refinarias se mantivesse na ilegalidade.

Nos séculos seguintes, as autoridades fazendárias escocesas impuseram mais taxas à produção de whisky, de tal forma que o destilado passou a ser obtido ilegalmente.

Realmente, no Ano do Senhor de 1777, somente oito destilarias estavam licenciadas no Registro da Municipalidade de Edimburgo. Apesar do enorme consumo, o destilado de cereais contribuía muito pouco para o Erário.

Estima-se a existência de quatrocentas destilarias não registradas nas proximidades da cidade e que esse número era pequeno, se comparado com o de destilarias ilegais escondidas nos *Bothies* – pequenos prédios – disfarçados em terras remotas da Escócia. Alambiques ilegais eram instalados em pequenos espaços de regiões montanhosas cobertas de vegetação, onde não podiam ser detectados, armados de tubulação subterrânea, por onde a fumaça da turfa era levada até os chalés, saindo pela chaminé sem despertar suspeitas.

ILEGALIDADE – Logo que o Ato da União da Escócia com a Inglaterra foi promulgado e os clãs rebeldes subjugados, contínuos aumentos nos impostos foram aplicados. Com isso, os destiladores escoceses desviaram-se para a ilegalidade e uma longa batalha desenvolveu-se entre os coletores de impostos – os *Excisemen* – e os destiladores ilegais, para quem as leis eram estranhas em linguagem e em propósitos.

CLANDESTINIDADE CONSENTIDA? – Curiosamente, a consequência foi que o contrabando virou prática corriqueira, isento de um estigma moral. Pastores da Igreja da Escócia disponibilizavam espaços para o armazenamento sob os púlpitos, a bebida era transportada em caixões funerários... – qualquer recurso era usado para evitar os Excisemen.
Nesse tempo, a Escócia era considerada um lugar selvagem e pouco hospitaleiro.
Seus grandes senhores possuíam destilarias próprias e faziam uma distribuição generosa para aqueles que os serviam e cuidavam das suas casas e terras. Daí os governos britânicos terem encontrado dificuldades em cobrar taxas das destilarias. Mais rápidos do que os fiscais, os proprietários mudavam destilarias de lugar, sem deixar rastro.

O BATISMO DO WHISKY – No fim do século XVII, a destilação de *uisge beatha* já se constituía em meio de vida para os escoceses, e a mais antiga referência documentada da palavra "whisky" data de 1736. Isto é, quando se adotou definitivamente o nome, a bebida já tinha uma produção volumosa e era sobejamente conhecida e apreciada.

Um mau ano agrícola em meados do século XVIII levou à proibição da destilação e à consequente falência das destilarias autorizadas.

Os cereais deveriam destinar-se somente para consumo à mesa como alimento.

As destilarias domésticas, entretanto, foram pouco afetadas e a pirataria encontrou novo reforço.

DEFINIÇÃO DA FRONTEIRA – Em 1784, a lei conhecida como "Wash Act" reduziu os impostos e estabeleceu a linha imaginária, a "Highland line", que marcou definitivamente a distinção entre os whiskies das terras altas – Highlands – e os das terras baixas – Lowlands – na Escócia.

Os primeiros não podiam ser vendidos abaixo daquela linha, o que estimulou ainda mais a clandestinidade. Os contrabandistas usavam um sistema próprio para evitar a fiscalização: vigias no topo das colinas avisavam uns aos outros por sinais, assim que avistavam a chegada dos *Excisemen*. O cinema já nos mostrou isso com muita propriedade...

Por volta de 1820, por mais que se confiscassem destilarias ilícitas, mais da metade do whisky consumido na Escócia era adquirido *duty free*. Não demorou a legalização.

Suspensa a sua proibição, mais tarde a produção doméstica de *aqua vitae* tinha lugar para aproveitamento dos excedentes das colheitas, começando mesmo a ser exportada para a Inglaterra, a Irlanda ou a França.

Por essa época, o advogado e escritor escocês Sir Walter Scott tinha se tornado uma espécie de herói nacional, com a publicação, de 1818 a 1820, de romances históricos como Rob Roy, A Noiva de Lamermoor *e* Ivanhoé.

No sentido de amenizar as relações entre a Escócia e a Inglaterra, Scott promoveu uma visita do Rei George IV a Edinburgo, em 1822.
Informado de que o Glenlivet era o melhor dos whiskies escoceses da época, o rei inglês o encomendou para seu consumo e de sua corte. Ficou sabendo, então, que se tratava de bebida de contrabando, devido às imposições fiscais britânicas.
No ano seguinte, o Ato do Parlamento relaxava a política fiscal, tornando a bebida mais lucrativa, embora impondo punições severas aos fazendeiros sempre que destilarias não licenciadas fosssem encontradas. Oito destilarias legais foram registradas de imediato no Speyside.

O Decreto do Imposto de Consumo (Excise Act, de 1823), ao reduzir os impostos e introduzir armazéns *duty free* para exportação, conseguiu ordenar o setor, aumentando o número de destilarias legais. Esse ato é considerado a base da moderna indústria do whisky na Escócia.

O primeiro a obter uma licença para destilaria, sob a nova legislação, foi o empresário George Schmit, que fundou a Glenlivet, em 1824, no vale que dá nome a esse whisky.

LEGALIZAÇÃO E AMPLIAÇÃO DO MERCADO – O ano de 1823 – seguinte ao da Independência do Brasil – ficou marcado na história do whisky e da Escócia devido à assinatura do Excise Act, que autorizou oficialmente a destilação de cereais no país.

Não foi de graça. Como compensação, foi imposta às destilarias uma taxa de licença de produção, além de um imposto proporcional ao volume de bebida produzido. Estabeleceram-se, assim, as bases fiscais da atual indústria do Scotch, e o contrabando praticamente desapareceu nos anos seguintes.

Muitas das destilarias atuais encontram-se em locais usados no passado por contrabandistas.

Dois outros eventos do século XIX colocariam o whisky escocês no Mapa Mundi das bebidas destiladas: uma ajuda tecnológica na Inglaterra, uma ajuda mercadológica na França.

UMA AJUDA TECNOLÓGICA – Em 1827, o inventor britânico Robert Stein, especialista na área de destilação, desenvolveu um processo de destilação contínua, teoricamente mais eficiente, sem uso de alambiques.

Sua invenção, utilizada experimentalmente por William Haig na destilaria Cameronbridge e por Andrew Stein na Kirkliston, não prosperou na prática e foi abandonada por três anos até que, em 1831, o irlandês Aeneas Coffey, já afastado de sua ocupação de inspetor-geral da Receita em Dublin, aperfeiçoou e patenteou o sistema de Stein.

Assim, o processo contínuo tornou-se conhecido como Sistema Coffey. Ele substituiria parcialmente o alambique clássico *pot still*.

No início, Coffey levou sua ideia para as grandes destilarias da Irlanda, onde enfrentou tradicionalismo e ceticismos. A Irlanda pagaria caro por isso... Passou, então, para a Escócia, onde foi recebido de braços abertos: em 1834, já estava instalado o novo sistema na Grange Distillary, de Clackmanshire. E não parou mais.

A destilação passou a ser mais refinada, os whiskies menos pesados. Atualmente, todo Scotch é uma mistura de destilados de alambique com outros procedentes de destiladores contínuos Coffey. A descoberta levou também à produção do Grain Whisky, uma bebida alcoólica diferente, menos intensa que o whisky de cevada maltada.

UMA AJUDA MERCADOLÓGICA – A segunda ajuda veio, involuntariamente, da França. Por volta de 1880, os vinhedos franceses foram devastados pela praga da filoxera, pulgão de origem americana que se alimenta das raízes da videira e deposita seus ovos nas folhas, secando-as. Não havia mais vinho para destilar! Em poucos anos, os conhaques, então os destilados preferidos, praticamente desapareceram, por falta de matéria-prima.

Os escoceses rapidamente tiraram vantagem da tragédia e, quando a indústria francesa finalmente se recuperou, na geração seguinte, o whisky já tinha ocupado seu lugar como a bebida destilada preferida. Foi assim que o ataque aos vinhedos franceses pela filoxera teve a "virtude" de levar à substituição de brandy por whisky.

Desde então, o whisky escocês, o Blended em particular, tem superado obstáculos, sobrevivendo a sanções governamentais e recessões econômicas, para manter sua posição de principal escolha de bebida destilada no mundo todo, alcançando mais de 200 países.

SURGE O BLENDED – Em 1853, a invenção patenteada por Coffey foi utilizada em escala industrial pela empresa Andrew Usher & Co., que combinou o whisky de malte e o Grain Whisky pela primeira vez e produziu um Blended Whisky de sabor mais discreto, estendendo o interesse pelo Scotch a um mercado mais amplo. Seguindo-se à iniciativa bem-sucedida de Andrew Usher, os comerciantes passaram a misturar o whisky de malte com whisky de grãos, chegando assim ao Blended Scotch Whisky, de custo de produção mais baixo e de enorme aceitação no mercado.

Ao longo da Revolução Industrial, diversos empresários, como John Walker, George Ballantine, James Chivas, James Buchanan, Arthur Bell, Wiliam Grant e John Dewar, começaram a produzir Blended Whisky misturando bebidas dos dois tipos de destiladores. Eles e seus sucessores adicionaram fortunas a sua riqueza familiar.

A definição de whisky de 1905, formalizada na comunidade londrina de Islington como a bebida alcoólica destilada em alambique *pot still*, deixou alarmados os produtores que haviam investido pesadamente em destiladores contínuos tipo *patent still*.

Teve início a discussão "What is whisky?", tendo sido formada uma Comissão Real para dar resposta à questão, o que aconteceu em 1909: "Bebida alcoólica obtida pela destilação de um mosto de grãos de cereais sacarificado pela diástase do malte".

A Lei seca nos EUA, que durou de 1919 a 1933, teve como consequência uma procura desenfreada de Scotch, vendido ilegalmente através das Caraíbas. O primeiro-ministro Winston Churchill chegou a reconhecer publicamente a importância econômica que o whisky teve para o Reino Unido após a Segunda Guerra Mundial, ajudando na redução de sua enorme dívida externa.

A expansão que o setor sofreu levou à reabertura de várias destilarias antes encerradas, tais como Glenturret, Benriach, Jura e Caperdonich. Muitas outras aumentaram, e até dobraram, a capacidade produtiva.

TEMPOS MODERNOS – Existem, hoje, em funcionamento na Escócia 87 destilarias de Single Malt e seis de Grain Whiskies.

Para receber o título de Scotch Whisky, tem que ser destilado e envelhecido na Escócia por, no mínimo, três anos.

Não existem dois Scotch Whiskies iguais, embora, algumas vezes, duas ou mais destilarias pertençam ao mesmo dono, usem a mesma cevada, água, etc. Elas sempre produzirão produtos finais diferentes. Uma vez engarrafado, completa-se o envelhecimento. Tudo isso propiciou uma explosão do mercado, sendo o Scotch exportado para todo e qualquer lugar onde houvesse expatriados. Desde então o Scotch passou a liderar as vendas de whisky em relação aos produzidos em qualquer outro lugar do planeta.

Hoje em dia, muitas destilarias da Escócia não são propriedade de escoceses. Empresas multinacionais – como as francesas Luis Vuiton / Moet Henessy e Pernod-Ricard e a multinacional Diageo – são proprietárias de boa parte das destilarias.

E a Suntory, do Japão, é proprietária da Morrison-Bowmore...

Entre as empresas escocesas que mantêm a propriedade das destilarias, destaca-se a família Grant, cuja empresa William Grant & Sons tem sede na localidade de Motherwell. Outras empresas escocesas incluem nomes como Bunnahabhain, Bruichladdich e Glenfarclas.

Não são muitos os produtos fabricados em qualquer parte do mundo que mais remetem às origens do que o Scotch Whisky.

Os Malt Whiskies, por sua vez, receberam um novo ímpeto nos anos 1980. Nessa época surgiram novos aficionados, menos afeitos às campanhas de *mass marketing*, em busca de diversidade e autenticidade.

O whisky de malte passou também a ser um valioso objeto de coleção e de investimento. Uma garrafa de Bowmore Single Malt atingiu, em leilão, a quantia de 4,750 libras.

Sinais de um passado brilhante, de um presente encorajador e de um futuro auspicioso para essa bebida.

RESUMO CRONOLÓGICO

1494 – Primeira referência escrita conhecida sobre a produção de *aqua vitae*.
1505 – Monopólio da destilação pela corporação dos Cirurgiões-Barbeiros de Edimburgo.
1644 – Imposição de impostos sobre os destilados, pelo rei Charles I.
1736 – Primeiro registro escrito conhecido do uso da palavra "whisky".
1781 – Proibida a destilação privada de whisky.
1784 – Definição do limite geográfico das Highlands através da "Wash Act".
1780 – Novo aumento de impostos sobre o whisky.
1831 – O irlandês Aeneas Coffey patenteia um sistema de destilação contínua.
1853 – Andrew Usher introduz o primeiro Blended Whisky no mercado.
1870 – O whisky expande seu mercado ao faltar cognac devido à praga da filoxera.
1906 – Forma-se a Royal Comission para responder à questão "What is whisky?".
1909 – A Royal Commission responde à questão "What is whisky?".
1960 – Constituição da Scotch Whisky Association (SWA).
1991 – Conceito de Scotch é definido na Comunidade Europeia.
2009 – Regulamentação, definição e classificação do Scotch pela SWA.

CATEGORIAS E ESTILOS

A Escócia tratou de proteger o termo Scotch a nível mundial. Para que um whisky seja classificado como Scotch, ele deve ter sido elaborado exclusivamente na Escócia.

Whiskies de diversos países e regiões, muitos deles excelentes, são elaborados por métodos similares aos das destilarias escocesas, mas não podem ser chamados de Scotch e são geralmente chamados de "whiskey" ou são adjetivados pelo produtor, como em Irish Whiskey.

Quando nos referimos à palavra "whisky" de forma geral, estamos diante de grande número de bebidas diferentes, tanto do ponto de vista da matéria-prima usada, do sistema de destilação ou da região de origem quanto dos atributos de cor, aroma e gosto.

Ao se estabelecerem as categorias de whisky escocês, mais do que os aspectos qualitativos da bebida em si, levam-se em conta os cereais usados, o equipamento de destilação e sua origem, ou de uma única destilaria ou de mais de uma. Isso fica bem claro na expressão Single Malt Scotch Whisky: a matéria-prima só pode ser a cevada maltada (Malt), a destilação se dá em alambique de cobre (*pot still*), o destilado provém de uma única destilaria (Single).

Se o Malt Scotch Whisky provém de várias destilarias, ele será denominado Blended Malt ou, como se dizia anteriormente, Vatted Malt.

Um Grain Scotch Whisky tem como matéria-prima outros cereais – milho, trigo, centeio – não necessariamente destilados em alambique.

Como se vê, cada Scotch caracteriza-se por um conjunto de dados bem definidos: a análise do rótulo de qualquer marca nos permite identificá-lo. A maioria dos Scotches bebidos no mundo é de Blendeds, ou seja, mistura de whiskies distintos.

AS CATEGORIAS

Seja um Malt ou um Blended, o Scotch é enquadrado em uma das categorias a seguir, de conformidade com as "Scotch Whisky Regulations" (SWR) estabelecidas em 2009.

1 – SINGLE MALT SCOTCH WHISKY – Denominação de uma classe de whisky elaborado em uma única destilaria, usando-se como matéria-prima a cevada maltada destilada em alambique *pot still*.
Assim como com qualquer whisky escocês, ele deve ser destilado na Escócia e amadurecido em barricas de carvalho por um mínimo de três anos.
A palavra "Single" indica que todos os maltes da bebida vêm de uma única destilaria.
Single Malt Scotch Whiskies tem por origem diversas regiões da Escócia onde há disponibilidade de água adequada, distinguindo-se uns dos outros em aspecto, aroma e gosto. Sob esse ponto de vista geográfico, os Single Malt Whiskies podem ser:

– Highlands Single Malts – Procedentes das Terras Altas do nordeste da Escócia, ao norte de uma linha imaginária traçada entre as cidades de Greenock, no oeste, e Dundee,
no leste (vide também, abaixo, Speyside).
Exemplos: Balblair; Dalmore; Glenmorangie; Teaninich; Glen Ord.

– Lowland Single Malts – Procedentes das Terras Baixas do centro da Escócia ao sul da linha acima.
Exemplos: Auchentoshan; Bladnoch; Inverleven; Glenkinchie.

– Island Single Malts – Procedentes das ilhas do oeste.
Exemplos: Arran (Isle of Arran); Jura (Isle of Jura); Tobermory (Isle of Mull); Talisker (Isle of Skye).

– Islay Single Malts – Procedente especificamente da Ilha de Islay, no oeste.
Exemplos: Ardbeg; Bunnahbhain; Bruichladdich; Bowmore; Caol Ila; Lagavulin; Laphroig...

– Campbeltown Single Malts – Procedente de Campbeltown, na Península do Kintyre, na costa sudoeste.
Exemplo: Springbank; Glen Scotia.

– Speyside Single Malts – Também nas Terras Altas, mas especificamente no Vale do Rio Spey, incluindo a área Litorânea Norte, as áreas de Rothes, Mulben e Keith ao norte e Dufftown, um pouco mais ao sul, e a área Sul.

Exemplos
Litorâneas:	*Inchgower; Glen Moray; Macduff...*
Rothes:	*Glen Grant; Speyburn; Caperdonich; Macallan...*
Keith:	*Strathisla; Knockdhu; Glen Keith...*
Mulben:	*Altmore; Auchroisk; Glentauchers...*
Dufftown:	*Aberlour; Balvenie; Dufftown; Glenfiddich...*
Área sul:	*Glenlivet; Tamnavulin; Tomintoul...*

SPEYSIDE – *Apesar de incluída geograficamente nas Highlands, a concentração de destilarias e de condições climáticas específicas de Speyside exige uma classificação diferenciada.*

O Rio Spey flui em território escocês em todo seu percurso. Nasce na parte central do país, nas vertentes das Monadhliat Hills, seguindo depois para o nordeste, em meio às Highlands, até desembocar na Foz do Moray, entre as cidades de Elgin e Banf.

Os Single Malts das Terras Altas escocesas, no Vale do Rio Spey – conhecido internacionalmente como Speyside – representam para o whisky escocês, portanto para o whisky mundial, o que o Rio Gironde, em Bordeaux, significa para os vinhos franceses, e o Vale do Napa representa para os vinhos californianos. A mais alta qualidade combina-se neles com distinção e caráter.

Cada um deles se mostra superlativo, identificável, consistente e distinto de todos os outros no mundo. Eles têm mais corpo, presença, fragrância e textura do que os Blended e não há dois absolutamente iguais.

2 – SINGLE GRAIN SCOTCH WHISKY – Destilado de cereais diversos, procedente de uma única destilaria.

O Grain Whisky representa a grande maioria da produção, apresentando-se com um matiz claro e aroma discreto; é saboreado geralmente com água ou gelo.

Sendo suaves e leves, os Grain Whiskies requerem menos tempo de amadurecimento em barril do que os Malt Whiskies.

3 – BLENDED MALT SCOTCH WHISKY – Resultado do Blend de dois ou mais Single Malts. Os Malt Whiskies, que diferem consideravelmente em sabor dependendo da destilaria onde são produzidos, têm um buquê e um sabor mais pronunciados que os Grain Whiskies.

Na maior parte, o Malt Whisky é usado para dar caráter aos famosos Blends vendidos em todo o mundo. Somente uma pequena quantidade é comercializada como Single.

Os Malt Whiskies são, por sua vez. divididos em grupos de acordo com a localização geográfica das destilarias onde cada um deles é elaborado.

São regiões protegidas (aproximadamente semelhantes às Denominações de Origem Controladas dos vinhos): Highland, Lowland e Speyside.

São localidades protegidas: Campbeltown e Islay.

Cada grupo tem suas características claramente definidas, variando de um sabor mais suave – os Lowland Malt Whiskies – até aqueles destilados de Islay, que são geralmente considerados os mais fortes.

4 – BLENDED GRAIN SCOTCH WHISKY (misturados) – Mistura de dois ou mais Single Grain Scotch Whiskies destilados em mais de uma destilaria.

5 – BLENDED SCOTCH WHISKY – Mescla de um ou mais Single Malt Scotches com um ou mais Single Grain Scotches.

Os Blends populares, mais em conta, levam 70% de Grain Whisky; os melhores e mais caros limitam-se a 30% de Grain Whisky, sendo o restante de Malt Whisky.

Nada existe de neutro nos destilados provenientes de trigo, milho ou centeio, sempre aromáticos e cada um com seu aporte no paladar. O método de destilação é contínuo e as destilarias, em geral, são de grande porte.

Os Blended Scotch Whiskies representam 95% do Scotch bebido em todo o mundo.

OS ESTILOS

Tratando-se de Malt Whisky, há que se distinguir estilos diversos, não indicados nos rótulos.

LEVE – Tem por atributos a leveza na boca, a jovialidade, a aromaticidade e gostos verdes, vegetais.
Exemplos:

Auchentoshan 10 year-old 40% ABV (Alcohol by Volume – o teor alcoólico)
Lowland
Leve, elegante, sem qualquer influência de turfa, isento de defumado.
Floral, vegetal, cítrico, caramelado, representante do estilo das Lowlands.
Amargor discreto, final cálido.
Produtor: Morrison Bowmore. Fonte de água: Cochna Loch, Old Kilpatrick Hills.

Benriach 10 year-old 43% ABV
Highland
Leve, aromático, isento de defumado.
Maltado, aromático, acarvalhado, algo picante. Final adocicado.
Produtor: Chivas Brothers. Fonte de água: Burnside Springs.

Outros: **Cardhu 12; Glen Grant 10; Glen Moray 12; Tamnavulin 12.**

LEVE PARA MÉDIO, FRUTADO – Corpo leve para médio, aromas de frutas ácidas e de cevada, trigo e cereais em geral.
Exemplos:

Glenlivet 12 year-old 40% ABV
Speyside
Floral, frutado, maltado, discretamente perfumado. Paladar cremoso, corpo leve para médio, levemente adocicado, final a nozes.
Produtor: George & J.G. Schmith Ltd. Fonte de água: Josies Well.

Glenturret 12 year-old 40% ABV
Highland meridional
Herbáceo com discreto defumado. Corpo de leve para médio. Final lembrando aveia.
Produtor: Highland Distilleries Co. Fonte de água: Loch Turret.
Outros: **Aberlour 15; Ben Nevis 10; Glen Keith 10; Glenfarclas 15.**

LEVE PARA MÉDIO, MALTADO – Corpo leve para médio, aroma de malte, mel.
Exemplos:

Glenfiddich 12 year-old 40% ABV
Speyside (Dufftown)
Nariz vegetal e de mel. Paladar maltado, mélico, condimentado.
Final minimamente amargo agradável.
Produtor: William Grant & Sons. Fonte de água: Robie Due Spring.

Glenmorangie 10 year-old 40% ABV
Highland setentrional
Indícios florais, aromas a pera, manteiga, nozes. Suave na boca, untuoso. Paladar defumado, café, tabaco, algo de salgado, final curto.
Produtor: The Glenmorangie. Fonte de água: Tarlogie Spring.

Outros: **Balvenie 10; Glengoyne 10; Glenturret 15; Strathisla 12.**

MÉDIO CORPO, FRUTADO – Frutados, maltados, notas de Jerez ou Porto.
Exemplos:

Macallan 10 year-old 40% ABV
Speyside
Nariz maltado, tostado. Xaroposo, nuances de jerez no paladar, untuoso.
Final cálido, suave. Rico e profundo.
Produtor: Suntory (The Macallan Distillers). Fonte de água: poço de 150 m.

Glengoyne 17 year-old 43% ABV
Highland meridional
Aroma frutado, mentolado, abaunilhado, nuance de madeira. Paladar doce, caramelado, final apimentado.
Produtor: Lang Brothers Ltd. (Dumgoyne). Fonte de água: Loch Carron.

Outros: **Aberlour 10; Balvenie 21; Bruichladdich 15; Glenmorangie 15.**

MÉDIO CORPO, DEFUMADO – Frutado, turfado, salgado, mentolado.
Exemplos:

Bowmore 17 year-old 43% ABV
Islay
Frutado, defumado discreto. Paladar mentolado, fresco, terroso, turfoso. Final curto.
Produtor: atual: Suntory; antes: Morrison Bowmore. Fonte de água: Laggan River.

Laphroaig 15 year-old 43% ABV
Islay
Floral, frutado, cítrico, abaunilhado, defumado. Paladar discretamente doce, frutado, condimentado. Final longo, com nuances tostadas.

Produtor: D. Johnston & Co. (Laphroaig Distillery). Fonte de água: Kilbride Dam.

Outros: **Ardbeg 17; Bruichladdich 20; Glen Garioch 15; Springbank 10.**

MÉDIO PARA PESADO, FRUTADO – Aromas frutados, nuances de jerez.
Exemplos:

Bunnahabhain 12 year-old 40% ABV
Islay
Fresco, toque de avelãs, terroso. Paladar acarvalhado com toque de jerez.
Final longo, picante. *Blended: The Famous Grouse.*
Produtor: The Bunnahabhain Distillary, Islay. Fonte de água: Margadale Spring.

Macallan 25 year-old 43% ABV
Speyside
Compota de frutas, baunilha, caramelo, jerez. Paladar de nozes, baunilha, chocolate.
Final longo, acarvalhado.
Produtor: Suntory (The Macallan Distillers). Fonte de água: poço de 150 metros.

Outros: **Aberlour 12; Dalmore 12; Edradour 10; Glenfiddich 15.**

MÉDIO PARA PESADO, DEFUMADO – Fortemente defumado, alcatrão.
Exemplos:

Lagavulin 16 year-old 43% ABV
Islay
Floral, turfoso, algo iodado. Na boca, encontro de turfa e jerez, encorpado.
Final longo, salgado, defumado.

Blended: White Horse.
Produtor: Lagavulin Distillery. Fonte de água: Solan Lochs.

Talisker 10 year-old 45,8% ABV
Islands (Isle of Skye)

Um Single Malt Ícone da costa oeste da Escócia. Caráter pungente, turfoso, travo apimentado no retrogosto.
Blended: Johnie Walker Black Label.
Proprietário: Diageo. Fonte de água: Hawk Hill

Outros: **Ardbeg 10; Bowmore 12; Caol Ila 15; Laphroig 10**.

AS DESTILARIAS ESCOCESAS DE MALT WHISKY

Segue-se a lista completa das destilarias escocesas, por ordem alfabética. A lista está intercalada com dados históricos e técnicos de algumas das principais, cujo nome vem sublinhado. Deu-se preferência, em alguns casos, às destilarias visitadas pessoalmente pelo autor ou com exemplares degustados pelo mesmo. Estão incluídas, além disso, as destilarias de maior renome.

a) Aberfeldy, Aberlour, Alltábhainne, Ardbeg, Ardmore, Arran, Auchentoshan, Auchroisk, Aultmore.

Aberlour *(lê-se êiber-láuar), no sopé do monte Bem Rinnes, no Speyside, foi iniciada em 1826 por um proprietário de terras de Aberlour (no rótulo consta 1879, ano em que a destilaria foi reconstruída após incêndio).*
A fonte de água é St. Dunston Well. Uma curiosidade: St. Dunston ou St. Drostan era um dos missionários viajantes da época de São Colomba, que ajudou na evangelização dos pictos. Segundo a lenda, ele teria batizado os novos cristãos com as águas dessa fonte.

Propriedade da Pernod Ricard (anteriormente Chivas). Barris de bourbon importados da Wild Turkey Distillery, do Kentucky.
Carros-chefe: Aberlour Single Highland Malt 10 years; Aberlour A'Bunadh 59 % ABV.

Ardbegh *(lê-se ard-bég), na costa sul de Islay, foi iniciada em 1815 pela família MacDouglas, passando para a Hiram Walkes Company em 1979, daí para a Allied Distillers, em seguida para a Glenmorangie.*
Água de Loch Uigeadail, que dá nome a um de seus maltes. Propriedade da Glenmorangie.
Passou por grande aumento nas vendas depois da publicação de artigos francamente favoráveis dos especialistas Jim Murray e Michael Jackson (vide Bibliografia).
Carros-chefe: Ardbegh Islay Single Malt 10 years old; Ardbegh Lord of the Isles 25 years old; Ardbegh Uigeadail Single Islay Malt; Ardbegh Blasda Lightly PeatedIslay Single Malt.

Auchentoshan *(lê-se óken-tóchan), que significa "canto do campo", é uma destilaria localizada nas colinas de Kilpatrick, nas Lowlands, nas proximidades do rio Clyde, a cerca de 18 quilômetros de Glasgow. Licenciada em 1823, foi reconstruída em 1875 e novamente em 1949, após ter sido bombardeada pelas forças alemãs na Segunda Guerra Mundial. Modernizada em 1988.*
Tornou-se a representante do estilo Lowlands com seu Malt Whisky tridestilado, semelhante ao da Irlanda, isento de turfa, usando água não turfosa de Cochna Loch e de Loch Katrine.
Em 1984, passou para a Morrison Bowmore Distillers, do grupo japonês Suntory.
Carros-chefe: Auchentoshan 10 years triple distilled; Auchentoshan Select; Auchentoshan 18 years; Auchentoshan Three Wood.

---

b) Balblair, Balvenie, Banff, BenNevis, Ben Wyvis, Benriach, Benrinnes, Benromach, Bladnoch, Blackwood, Blair Athol, Bowmore, Braeval (Braes of Glenlivet), Brora, Bruichladdich, Bunnahabhain.

Balblair, ou seja, *"aldeia da planície"* (lê-se báu-blér), nas Highlands do Norte, inclui-se entre as mais antigas da Escócia, fundada por John Ross em 1790, mas implantada no local atual – a enseada de Dornoch no norte da Escócia – na década de 1860. Desativada em 1915, assim permaneceu até 1947, quando foi reiniciada pelo destilador Robert Cumming, passando em 1970 para a Allied Distillers.
Água de Alt Dearg Burn. Propriedade da Inver House Distillers, que a adquiriu da Allied em 1996.
Carros-chefe: Balblair 16 year old Single Malt; Balblair Elements; Balblair 75 Highland Single Malt 46% ABV.

Balvenie (lê-se bau-vêni), no Speyside, fundada em 1892 por William Grant, seis anos depois de ele ter iniciado com êxito a Glenfiddich, ali perto. Uma das poucas destilarias que nunca mudaram de mãos. Considerado o mais mélico dos maltes escoceses.
Água de Robbie Dhu Springs (a mesma de Glenfiddich). Propriedade de William Grant & Sons.
Carros-chefe: The Balvenie Single Barrel 15 years; The Balvenie Rum Cask 17 years old; The Balvenie Founders Reserve 10 Years; The Balvenie Double Wood Single Malt Scotch Whisky.

Ben Nevis (lê-se bem-névis), nas Highlands, no sopé do monte de mesmo nome, o mais alto da Escócia. É muito visitada, embora um tanto isolada das demais, devido à sua proximidade de Fort William. Construída em 1825 por "Long John" MacDonald, permaneceu com a família até 1955, quando foi adquirida pelo escocês Joseph Hobbs, que tinha feito fortuna no Canadá, e deste para a cervejaria Whitbread. Desativada em 1987, foi recuperada em 1990 pela firma japonesa Nikka Distillers.
Também conhecida pela linha de Blended Whisky denominada Dew of Ben Nevis.
Água de Allt a Mhuillin Burn; barricas de bourbon, jerez e bordeaux.
Carros-chefe: Ben Nevis Single Highland Malt 10 years old; Ben Nevis Cask Streght Collection; Ben Nevis Single Sherry Cask.

c) <u>Caol Ila,</u> Caperdonich, <u>Cardhu</u>, Clynelish, Coleburn, Convalmore, Cragganmore, Craigellachie, Dailuaine, Dallas Dhu, <u>Dalmore</u>, Dalwhinnie, Deanston, Dufftown, <u>Edradour</u>, Famous Grouse (vide Blendeds), Fettercairn.

Caol Ila, *ou seja, "o estuário de Islay" (lê-se cóu-lila), de Port Askaig em Islay, foi fundada em 1846 por Hector Henderson e reconstruída em 1974. Água de Loch Nam Bam. Proprietário: United Distillers and Vintners (UDV).*
Carros-chefe: Caol Ila Islay Single Malt Distillers Edition; Caol Ila 15 year old Islay Single Malt.

Cardhu, *ou seja, "rocha negra" (lê-se car-dú), no Speyside, foi construída em 1824 por John Cummins, empresário sentenciado várias vezes por destilar clandestinamente, e reconstruída em 1960.*
Malte sem turfa, base do Blended Johnny Walker Red Label. Água de Marrich Hill. Proprietário: Diageo.
Carros-chefe: Single Malt Cardhu Scotch Whisky; Special Cask Reserve Cardhu Single Malt.

Dalmore, *ou seja, "grande pradaria" (lê-se dau-mór), destilaria costeira nas Highlands do Norte, foi construída por Alexander Matheson em 1839 e adquirida pelos Irmãos Mackenzie em 1891.*
As garrafas do Dalmore ostentam, gravada no vidro, uma cabeça de veado, lembrando que, em meio a uma caçada, o rei Alexandre III foi salvo pelo chefe do clã dos Mackenzie da investida de um veado enfurecido.
Modernizada em 1966. Água do rio Alness. Proprietária: White & Mackay.
Carros-chefe: The Dalmore 15 years old Single Highland Malt; The Dalmore Cigar Malt.

Edradour *(lê-se idra-dáuar), nas Highlands, é a menor destilaria da Escócia. Foi iniciada em 1825 nas colinas de Pertshire e inaugurada em 1837. Em 1982, foi adquirida e adaptada pela Pernod Ricard para o portfólio da marca Chivas.*
Água da fonte Moulin Moor. Proprietário a partir de 2002: Andrew Symington (Signatory).

Carros-chefe: Edradour 10 year old Single Highland Malt; Edradour "The Distillery Edition" Highland Single Malt.

---

d) Glen Albyn, Glen Deveron, Glen Elgin, Glen Esk, Glen Garioch, <u>Glen Grant,</u> Glen Keith, Glen Moray, Glen Ord, Glen Mhor , Glen Scotia, Glen Spey.

Glen Grant, *em Rothes, no Speyside – construída em 1840 pelos irmãos Grant, de Elgin: o advogado James e o comerciante de cereais John – é a única destilaria escocesa que leva o nome de seus fundadores. O rico herdeiro deles, James Grant Júnior, conhecido como "major Grant", ampliou e deu fama à marca. Colecionador de plantas, criou o Woodland Garden, grande jardim da propriedade aberto à visitação.*

O major Grant, falecido em 1931, foi o primeiro homem a ter um automóvel nas Highlands e Glen Grant, a primeira destilaria a ter energia elétrica. A propriedade passou para a Seagrams em 1977, para a Pernod Ricard e daí para o grupo italiano Campari. Água da fonte Caperdonich Springs. Proprietário atual: Campari (Glen Grant é o Scotch mais vendido na Itália).
Carros-chefe: Glen Grant Single Malt 10 years; Glen Grant Highland Malt Scoch Whisky 30 years old.

---

e) Glenallachie, Glenburgie, Glencadam, Glen Flagler, Glendronach, Glendullan, Glenfarclas, <u>Glenfiddich,</u> Glenglassaugh, Glengoyne, Glengyle, <u>Glenlivet,</u> Glenlossie, Glenmorangie, Glenrothes, Glentauchers, Glenturret, Glenugie, Glenury-Royal;

Glenfiddich, *ou seja, "o vale do (riacho) Fiddich = Alce", no Speyside, foi construída pelo preceptor da igreja livre de Dufftown, William Grant, em 1886; o primeiro destilado saiu no Natal de 1887.*

William, falecido em 1923, tinha por objetivo "criar o melhor gole do vale". Até hoje pertencente a uma empresa familiar independente, a William Grant & Sons, Glenfiddich foi a primeira a exportar volumes consideráveis de Scotch Whisky.

Vendido em 180 países, é a marca de Malt Whisky de maior prestígio no mundo.

Passou por grande expansão em 1974, com a adição de 16 novos alambiques, totalizando 29, e capacidade de produção de dez milhões de litros por ano.

A água de Robie Dhu é conduzida diretamente da fonte, no terreno da propriedade, para a destilaria.

Carros-chefe: Glenfiddich Single Malt 12 year- old Special Reserve; Glenfiddich 18 years Solera Reserve; Glenfiddich 21 Years Caribbean Rum Cask; Glenfiddich 18 years old Ancient Reserve; Glenfiddich Single Malt Cask Strenght.

Glenlivet, ou seja, "o vale do (riacho) Livet", em Banffshire, no Speyside, produz um Malt Whisky que se conta entre os mais famosos da Escócia. A destilação clandestina, prática comum nas Highlands desde a era medieval, tornou-se desnecessária a partir do Excise Act de 1823, que propiciou o surgimento de destilarias legalmente constituídas. O fazendeiro George Smith passou para a história como o primeiro a conseguir autorização para destilar whisky legalmente. Em 1824, criou a Glenlivet, na sua fazenda Upper Drumming, na parte sul do Speyside. Trinta anos depois, em sociedade com seu caçula James Gordon, fundaria a George & J. G. Smith Ltd., nome que consta ainda hoje dos rótulos do Glenlivet.

Água do riacho Alt Dearg. Proprietária: Pernod Ricard.

O Malt Whisky da empresa adquiriu fama tamanha que várias as destilarias vizinhas adotaram também o nome Glenlivet. A contestação a tal fato, ganha na justiça, obrigou a que elas passassem a usar nomes duplos, como Dufftown-Glenlivet, The Longmorn-Glenlivet, The Macallan-Glenlivet e The Glen Moray-Glenlivet.

Carros-chefe: The Glenlivet Pure Single Malt aged 18 years; The Glenlivet XXV Single Malt Oak Sherry Casks; The Glenlivet Single Malt 12 years of age; The Glenlivet French Oak 15; The Glenlivet Single Malt 18; The Glenlivet 21 Archive.

---

f) <u>Highland Park</u>, Imperial, Inchgower, Inverleven, Isle of Jura, Kilchoman, Kininvie, Knockando, Knockdhu, Ladyburn, <u>Lagavulin</u>, Kinclaith (CM), <u>Laphroaig</u>, Linkwood, Littlemill, Loch Lomond, Lochside, Longmorn.

Highland Park, a destilaria mais ao norte da Escócia, nas Ilhas Orkney, foi fundada em 1798 por David Robertson em um local onde preexistia a destilaria ilícita de Magnus Eunson, pastor da igreja local, destilador ilícito e contrabandista. A licença legal viria em 1824.

Conta a lenda que Eunson envelhecia seu whisky sob o púlpito em que pregava e que certa vez, para escapar da fiscalização, teria escondido a bebida em um caixão de defunto, espalhando o boato de que o morto tinha contraído varíola antes de morrer, para que ninguém chegasse perto.

A HP passou para a família Grant (Glenlivet) em 1895, daí para a Highland Distilleries em 1937 e para o grupo Edrington em 1999, que dedicou a destilaria à produção de Malt Whisky. A turfa usada, de origem local, é mesclada com Tojo (vide Glossário), o que proporciona ao whisky uma nota aromática adocicada distinta.

Água da fonte Cattie Maggie's Spring; barricas de bourbon e jerez. Proprietário: grupo Edrington.

Carros-chefe: Highland Park Single Malt (12 years; 15 years; 16 years; 18 years; 25 years); Highland Park Single Malt aged 30 years.

Lagavulin (lê-se laga-vúlin, simplificação de Lag A'Mhuillin = "moinho na enseada"), localiza-se em Port Ellen, na Ilha de Islay, próximo das ruínas do Castelo de Dunnyveg. Foi fundada em 1816 por Alexander Graham, comerciante de Glasgow, a partir de destilarias clandestinas operadas no local desde 1740. Foi com o Malt Whisky de Lagavulin que Peter Mackie, sobrinho do sócio de Alexander, criou o White Horse, um Blended agora conhecido em todo o mundo.

Água turfosa de Solan Lochs; barricas de bourbon e de jerez Pedro Ximenez (estas para o Distillers Edition). Propriedade da United Distillers and Vintners (UDV).

Carros-chefe: Lagavulin Single Islay Malt Whisky aged 16 years; Lagavulin "Distillers Edition" Double Matured; Lagavulin 12 years Special Release; Lagavulin Natural Cask Strenght 21 years.

Laphroaig (lê-se lafróig), ou seja, "enseada na grande baía", também localizada em Port Ellen, Ilha de Islay, foi iniciada em 1810 e estabelecida em 1815 pelos irmãos Donald e Alexander Johnston.

Em 1825, Donald passou a ser o único proprietário e assim ficou durante 22 anos, até sua morte em circunstâncias estranhas: afogado no tanque de "cerveja" da sua destilaria. A partir daí, Laphroaig mudou de mãos várias vezes. Em 1954, o então proprietário Ian Hunter afastou-se e cedeu a destilaria à sua secretária Bessie Williamson, que a dirigiu com muito sucesso até aposentar-se em 1972. Em sua época, Bessie era a única mulher que administrava uma destilaria escocesa.

Daí passou para a Allied Distillers e, em 2005, para a atual proprietária, Fortune Brands.

Turfa local com alto teor de musgo. Água da barragem de Kilbride. Maturado em barris de bourbon, em oito depósitos no litoral, para absorver o que for possível do mar.

Carros-chefe: Laphroaig Single Islay Malt Scotch Whisky (10 years old; 18 years old; 25 years old); Laphroaig Islay Single Malt "Quarter Cask"; Laphroaig 10 years old Cask Strenght 43% ABV.

g) Macallan, Macduff, Mannochmore, McClellands, Millburn, Miltonduff, Mortlach, Oban, Pittyvaich, Port Dundas, Port Ellen, Pulteney.

Macallan, em Craiggellachie, no Speyside, foi fundada em 1824 por Alexander Reid, arrendatário da fazenda Easter Elchies onde se localiza a destilaria. Após expansão em 1892, foi vendida para o empresário Roderick Kemp, permanecendo uma empresa privada até 1966, quando se tornou uma empresa pública. Voltou para a iniciativa privada ao ser adquirida pelo grupo Edrington, tendo passado por importante transformação em 2004, com o lançamento da linha Fine Oak.

Para degustações, dispõe do Centro de Visitantes Gardener's Cottage, aberto o ano inteiro. Água de poço de 150 metros; barris de carvalho de jerez oloroso em depósito climatizado. Barris de bourbon para a linha Fine Oak. Proprietário: grupo Edrington.

Carros-chefe: The Macallan "Fine Oak" Triple Cask Matured 10 years old; The Macallan Single Malt Highland Scotch Whisky (10 years; 12 years; 25 years; 30 years). The Macallan 1981 aged 18 years.

Oban *(lê-se ô-ban), que significa "pequena baía de grutas" – "little bay of caves", como escrito no rótulo –, situa-se nas West Highlands, bem perto do mar, no porto de Oban, passagem obrigatória para quem se destina às ilhas (Mull, Jura) ou a Campbeltown.*
Foi fundada em 1794 pelo empresário Hugh Stevenson e família, passando um século mais tarde para Walter Higgin, que a reconstruiu em 1894. Foi remodelada em 1930, após ser adquirida pela UDV. Atualmente, Oban faz parte da seleção de "Classic Malts" da multinacional Diageo. Com seu aroma frutado aliado a um sabor salgado e defumado, os whiskies de Oban são tidos como um meio-termo entre os medianamente leves das Higlands e os poderosos de Islay.
Água proveniente dos lagos de Ardconnel, a dois quilômetros da destilaria. Barris de bourbon e jerez (estes, para a Distiller's Edition). Proprietário: Diageo.
Carros-chefe: Oban West Highland Single Malt 14 years 43% ABV; Oban Distillers Edition 1992 Double Matured.

---

h) Rosebank, Royal Brackla, <u>Royal Lochnagar</u>, Scapa, Speyburn, Speyside, <u>Springbank,</u> St. Magdalene, <u>Strathisla,</u> Strathmill.

Royal Lochnagar *(lê-se róial-lochnagár), em Aberdeenshire, nas Highlands, perto do palácio real de Balmoral, margem sul do River Dee, foi fundada em 1845 por John Begg.*
O slogan " take a peg of John Begg" – tome um trago do John Begg – foi um sucesso publicitário em sua época.
Inicialmente denominada New Lochnagar, tornou-se Royal quando da visita da rainha Victoria com o príncipe Albert e família em 1848. O humor britânico e as más línguas dizem que a rainha "batizou" seu tinto de Bordeaux com o Single Malt de Lochnagar, "arruinando as duas bebidas". Lochnager tornou-se o Malt do conhecido Blended Vat 69. Foi vendida por Begg à John Dewar & Sons em meio à Primeira Guerra Mundial. Recentemente, passou para as mãos da Diageo.
Água turfosa de uma barragem próxima, com nascentes nas encostas da Lochnagar Mountain.
Proprietária: Diageo.

Carros-chefe: Royal Lochnagar Single Highland Malt12 year-old; Royal Lochnagar Selected Reserve; Royal Lochnagar Natural Cask Strength 30 years old 56,2% ABV.

Springbank, situada em Argyll, Campbeltown, no sudoeste da Escócia, é considerada a mais tradicional de todas as destilarias escocesas. Escapou, juntamente com a Glen Scotia, das crises que eliminaram 11 das 13 fábricas de Campbeltown na primeira metade do século XX.
Iniciada em 1823 pela família Mitchell e constituída legalmente em 1828 – ano que aparece nos rótulos – foi reconstruída pelos próprios Mitchell em 1880, permanecendo sempre nas mãos dos sucessores.
Água de Crosshill Loch. Cevada própria. Maltagem com turfa. Maturação em barris de jerez, bourbon e rum. Proprietários: J&A Mitchell & Co.
Carros-chefe: Springbank Campbeltown Single Malt aged 10 years; Springbank 100 Proof Campbeltown Single Malt; Springbank Vintage 1997 Single Malt.

Strathisla (lê-se strat-áila) localiza-se à margem do rio Isla("aila"), próximo da cidade de Keith, nas Highlands.
Erguida originalmente como The Milton Distillery em 1786 por Alexander Milne e George Taylor, inclui-se entre as quatro mais antigas destilarias escocesas; as outras são Glenturret, Littlemill e Bowmore.
Passou, em seguida, para as mãos de William Longmore, que viu a instalação ser destruída duas vezes pelo fogo. Tornou-se Strathisla definitivamente em 1880. Em 1950, foi adquirida pela Chivas Brothers (leia-se Pernod Ricard), tornando-se a alma do Blend Chivas Regal.
Malt Whisky sem turfa, leve, com água de Fons Bullions Springs.
Carro chefe: Strathisla Pure Highland Malt aged 12 years.

---

i) <u>Talisker</u>, Tamdhu, Tamnavulin, Teaninich, Tobermory, <u>Tomatin</u>, Tomintoul, Tormore, Tullibardine.

Talisker (lê-se táliskar) é a única destilaria situada na enevoada ilha de Skye ("iskái"), a maior das Hébridas. No passado distante, a Ilha de Skye foi sede do clã McLeod, de papel destacado na história escocesa. Seu

Dunvegan Castle é o mais antigo castelo habitado do país.
Localiza-se às margens do Lago Harport, pertinho do mar, nas proximidades da aldeia de Carbost.
Embora a ilha seja ligada ao continente por uma ponte, a Talisker é uma destilaria isolada.
Foi fundada em 1830 pelos irmãos MacAskill, que a venderam em 1857 a "preço de banana". Em 1880, a propriedade passou para o empresário Roderick Kemp, de Aberdeen, e em 1916 foi assumida por um consórcio de destilarias, entre elas a John Walker & Sons. Desde então o Malt Whisky de Talisker passou a ser a base do Blended Johnny Walker Black Label.
Destruída por um incêndio em 1960, foi reconstruída em 1962 e modernizada em 1998.
O Malt Whisky de Talisker, turfoso e estruturado, e que até 1928 era tridestilado, teve no escritor escocês Robert Louis Stevenson (A Ilha do Tesouro, Dr. Jekill e Mr. Hyde...) um de seus admiradores confessos.
Água da fonte de Hawk Hill. Propriedade da Diageo.
Carros-chefe: Talisker Single Malt aged 10 years; Talisker 1996 Distillers Edition 45,8% ABV; Talisker 57 North 57% ABV.

Tomatin *(lê-se tomátin), " colina dos zimbros" em gaélico, localiza-se nos montes Monadhliat, Highlands, a 315 metros acima do nível do mar. Foi construída em 1897 e, após a Segunda Guerra Mundial, chegou a ser a maior destilaria de Malt Whisky da Escócia.*
Em 1974, era maior inclusive do que a Glenfiddich. Tornou-se em 1986 a primeira destilaria escocesa a pertencer integralmente a sócios japoneses, tendo sua capacidade reduzida a menos da metade. É a base do Blended "The Antiquary".
Água do riacho Allt-na-Frithe. Barris de carvalho americano de bourbon e jerez.
Carros-chefe: Tomatin Single Highland Malt Scotch Whisky nas versões 12 anos (rótulo preto), 18 anos (rótulo branco) e 25 anos (rótulo vermelho); Tomatin Single Malt 30 years old.

BLENDED SCOTCH WHISKY

Uma revolução na história do whisky ocorreu em 1831, quando o irlandês Aeneas Coffey patenteou o destilador contínuo após séculos de uso de alambiques para elaborar whisky, o que levou a uma significativa redução de custos operacionais.

Trinta anos depois, seria aprovada a lei – Spirits Act - que permitia a mistura de whiskies de destilarias diferentes antes da cobrança do imposto, reduzindo as despesas financeiras.

Uma das consequências foi a produção de whisky a custos mais baixos, propiciando preços acessíveis. Outra foi a suavização da bebida pela mistura dos destilados mais suaves dos separadores Coffey com Malt Whisky, resultando destilados mais leves – os Blended Scotch Whisky –, de consumo mais fácil, inclusive para mulheres.

Formaram-se então bebidas populares como o Johnny Walker Red Label a partir do Malt Whisky da Cardhu, o Johnny Walker Black Label a partir do malte de Talisker, o Ballantine's associado a Ardbeg, o Dewar's associado a Aberfeldy, o White Horse a Lagavulin, o VAT 69 a Royal Lochnagar...

Os Blends propiciaram também uma nova consistência na qualidade da bebida: com a mistura sempre se consegue formar um whisky que mantenha seu sabor e características ano a ano, independentemente de variações dos componentes.

A popularidade dos Blendeds tem sido fundamental para a indústria escocesa de whisky, e mais de 90% do Scotch vendido internacionalmente é de Blends.

Seguem-se alguns dos nomes principais de Blended Scotch Whisky disponíveis no mercado:

a) Do portfólio da PERNOD RICARD

Ballantine's – Conhecido Blended, foi elaborado pela primeira vez por volta de 1920. É apresentado em três versões, uma padrão sem indicação de idade (Ballantine's Finest 40% ABV), outra com indicação (Ballantine's Blended Scotch Whisky 12 years 40% ABV) e a terceira rotulada Very Old Scotch Whisky 43% ABV, com exemplares de 17, 21 e 30 anos. Este de "30 years" é considerado o carro-chefe da casa e um dos Blends de maior prestígio no mundo e também dos mais caros e de difícil acesso.

Os Single Malts que lhe servem de base são de Glenburgie (a casa do Ballantine's) e também de outras casas do Speyside, misturados pelos sucessores do seu criador George Ballantine, a empresa George Ballantine and Son Limited, Dumbarton, Escócia.

Chivas Regal – Incluído entre os cinco Blends mais vendidos no mundo, é de propriedade da empresa Chivas Brothers, pertencente à Pernod Ricard. Tem por base o extraordinário Single Malt de Strahisla e outros do Speyside. Bastante conhecido na sua versão 12 anos, que leva a expressão "Premium Scotch", é apresentado também como superpremium na versão 18 anos Gold Signature, lançado em 1997, e na requintada e rara versão de 25 anos rotulada "Original".

Clan Campbell – Marca líder no mercado francês, lançada pela Chivas Brothers em 1984, conquistou rapidamente posição, tendo em vista não somente sua qualidade, com maltes de Aberlour e utros do Speyside, mas também sua ligação com o duque de Argyll, chefe do clã dos Campbell.

100 Pipers – Desenvolvido pela Seagram's em 1965, de propriedade atualmente da Chivas Brothers, divisão de destilados da Pernod Ricard, leva o nome da canção escocesa que fala em cem gaitas de fole. É um Blend whisky de cor clara, campeão de vendas na Tailândia.

Royal Salute – Produzido originalmente pela Seagram a partir de 1953, pertence atualmente à Chivas Brothers, do grupo Pernod Ricard. Foi o primeiro whisky superpremium oferecido ao mercado e seu lançamento foi feito em comemoração à coroação da rainha Elizabeth II. Seu nome se refere à salva de tiros de canhão – a saudação real – que se realiza por ocasião do aniversário da rainha. A base são os Malt Whiskies de Glenlivet, Aberlour, Strathisla e Longmorn.

A família Royal Salute, em frascos de porcelana azul ou negra (para o de 38 anos), inclui um exemplar de 21 anos, outro de 50 anos, e o Hundred Cask Selection lançado em 2004.

Something Special – Lançado pela engarrafadora Hill Thompson em 1912, a partir do Single Malt de Longhorn, esse Scotch de nome atrevido pertence hoje à Chivas Brothers, que o apresenta em garrafa desenhada especialmente, sob forma de diamante. Seu sabor divide-se entre a doçura e o defumado.

b) Do Portfólio da DIAGEO

Bell's – Popular Blend moderadamente encorpado da Diageo, leva o sobrenome de seu criador Arthur Bell e tem por base não somente o Malt Whisky da destilaria Blair Athol, uma das mais visitadas das Highlands por conta do seu caprichado Visitors Center, mas também de Dufftown, Inchgower e Islay. Duas versões se destacam, ambas com 40% ABV: o Bell's Original Blended Scotch Whisky, condimentado, e o Bell's Special Reserve, com uma ponta defumada.

Black & White e **Buchanan's** – Ambos, de propriedade da Diageo, são exemplares Blended do grupo Buchanan, iniciado pelo empresário vitoriano James Buchanan na segunda metade do século XIX. Inicialmente rotulado como Buchanan's Special, o Black & White deriva seu nome atual do modo como o chamavam carinhosamente os membros da Câmara dos Comuns, pelo fato de ter um rótulo branco sobre uma garrafa escura. Mais tarde, a produtora adicionou a figura de dois cachorrinhos terrier, um preto e um branco, com o que é, agora, reconhecível de longe. O Buchanan's De Luxe tem mais intensidade aromática do que o anterior e pode ser encontrado nas versões de 12 e de 18 anos, muito populares nas Américas.

Haig e **Dimple** – O nome Haig no campo das bebidas na Grã-Bretanha vem do século XVII, quando John Haig iniciou as atividades na fazenda de sua família, em Stirlingshire. O Blended Haig Gold Label ainda celebra o nome familiar, mas sua presença no mercado é hoje muito limitada. Mais conhecida é a marca Dimple, iniciada em 1890, um Blend de trinta whiskies de malte envelhecidos das Highlands escocesas, apresentado em garrafas especiais, com uma trama de arame fino no seu exterior.

J&B – É um campeão de vendas mundial. Quando você acabar de ler esta frase, foi vendida mais meia dúzia de garrafas, duas por segundo. Seu nome refere-se à Justerini & Brooks, empresa londrina fundada em 1831 pelo comerciante Alfred Brooks. O portfólio de Blends limita-se ao J&B Rare, tendo em vista que o outro (J&B Ultima) foi descontinuado.

Johnny Walker – Outro campeão de vendas, sendo que o seu Red Label é o Blended Scotch Whisky mais vendido no mundo. Leva no rótulo a figurinha do "homem que caminha", conhecido no mundo hispânico como "Juanito el Caminador". A Diageo mantém um estoque de Johnny Walker de sete milhões de barris, equivalente a um valor patrimonial maior do que o tesouro do Banco da Inglaterra. Baseia-se em Malt Whiskies diversos, de alta qualidade, entre os quais o Talisker e o Lagavulin. Suas versões são distinguidas pela cor do rótulo – Red, Black e Blue, do menos para o mais caro –, além do Blue Label King George V Edition, cujo estoque tem previsão de término para 2016.

Old Parr ou **Grand Old Parr** – Com sua garrafa de desenho especial, de seção quadrada e vidro marrom, tem por base o Malt Whisky de Cragganmore. Seu nome homenageia Thomas Parr, lendária figura de inglês folclórico cujo túmulo encontra-se na Abadia de Westminster e que, segundo uma tradição inverossímil, teria vivido 152 anos, entre 1483 e 1635. É um Blended caramelado, com muitos seguidores.

VAT 69 – Ou seja, barril de número 69 (o que apresentou o melhor Blend entre os cem analisados), já teve melhores dias, preterido que foi pelo Johnny Walker e pelo J&B pelos distribuidores. Por volta de 1950, era o décimo Scotch mais vendido no mundo. De qualquer forma, suas vendas atingem mais de um milhão de caixas por ano, na sua única versão da garrafa verde com rótulo preto.
Lembremos dois fatos envolvendo o passado romântico do VAT 69 em seus dias áureos. Em *Nosso Homem em Havana*, filme de 1959, o cadáver de um agente policial é encontrado com uma garrafa de VAT 69 na mão. Em duas expedições à Antártica, uma em 1914, outra em 1921, o explorador Ernest Shackleton levou suprimentos de VAT 69 para "emergências medicinais e dias de festa".

White Horse – Comercializado em mais de cem países e com importante presença no Brasil, tem como base o robusto malte de Lagavulin aliado a outros do Speyside, como Aultmore. Foi iniciado em 1890 por Peter Mackie, empresário escocês tido como genial, excêntrico e megalomaníaco, que batizou seu Blended a partir do nome de uma tradicional pousada de Edimburgo, a The White Horse Cellar Inn. O White Horse, a exemplo de outros destilados da Diageo, perdeu posições em vendas perante a supremacia do Johnny Walker. É vendido na edição padrão White Horse Fine Old e na versão de luxo de 12 anos rotulada Extra Fine.

Windsor – Um superpremium cujo nome é ligado à Casa Real da Grã Bretanha, é comercializado principalmente na Ásia. Em garrafas especialmente desenhadas, lembrando frascos de perfume, apresenta-se nas versões de 12, 17 e 21 anos.

c) Do Portfólio do Grupo EDRINGTON

Cutty Sark – É um Blend popular, de rótulo amarelo com a figura do veleiro escocês que lhe dá nome. Pertencente à empresa londrina Berry Brothers & Rudde, o Cutty Sark é misturado, engarrafado na Escócia e distribuído mundialmente pelo grupo Edrington, de Glasgow. Baseado nos Malt Whiskies da Macallan e de outras destilarias do Speyside, é distribuído nas versões Original, 12 anos e 18 anos.

Famous Grouse – Este é o Blended favorito dos escoceses e que se conta entre as dez maiores marcas de whisky do mundo. Foi criado em 1896 pelo comerciante Mathew Gloag, em sua loja de Perth, estabelecida em 1800, ano que aparece gravado nas garrafas. Permaneceu de geração em geração com os Gloag até 1970, quando foi adquirido pela Highland Distillers, atual Grupo Edrington.

Conta em sua fórmula com os Malt Whiskies de Highland Park, Macallan e Glenrothes e seus rótulos trazem a figura do tetraz (grouse, em inglês), ave do norte da Grã-Bretanha com penas vermelhas ou com penas pretas.

O Blended é encontrado em uma versão padrão, The Famous Grause Finest, ou na versão The Black Grouse. Também como The Famous Grouse Gold Reserve, com indicação de idade (12 anos).

d) Do Portfólio da BACARDI

Dewar's – Originalmente desenvolvido de forma pioneira pela destilaria John Dewar and Sons, esse Blend pertence atualmente à Bacardi, que expandiu seu mercado através de intensa atividade de marketing. O Dewar's Blended Scotch Whisky, com presença na Europa e nos Estados Unidos, tem por base os Single Malt de Aberfeldy e de Royal Brackla. Pode ser encontrado na versão de 12 e 18 anos com rótulo preto ou como White Label, sem indicação de idade. Uma edição limitada, baseado somente em maltes de Aberfeldy, é engarrafada num frasco especial como Dewar's Signature.

William Lawson's – Tendo o apoio do Malt Whisky Glen Deveron, da Mac Duffy Distillery, o Blended Willian Lawson's é engarrafado em Glasgow pela empresa John Dewar & Sons, pertencente à Bacardi, que o adquiriu, por sua vez, da Martini & Rossi em 1972. Sua expressão standard é o William Lawson's Finest sem indicação de data, com o rótulo prata claro sobre garrafa verde. O superior intitula-se William Lawson's Scottish Gold aged 12 years.

e) De outros portfólios

The Antiquary – Blended de luxo em frasco facetado. Decaiu no mercado e acha-se em fase de recuperação depois da aquisição da Tomatin Distillery pelos japoneses da Takara Shuzo Limited.

Grant's – Da William Grant & Sons, em garrafa triangular típica, ultrapassou a casa de um milhão de garrafas em 1979 com seu Family Reserve e continua crescendo em vendas até hoje.

Pinwinnie Royale – Da Inver House Distillers, em bela garrafa verde clara com rótulo em letras góticas, tem um nome incomum, de origem obscura. A expressão standard tem seu nicho de mercado.

Teacher's Highland Cream – Da americana Fortune Brands, sua marca foi registrada em 1884 pelos herdeiros de William Teacher e se tornou popular. Em sua composição, maltes de Ardmore e Glendromach.

OUTROS BLENDED SCOTCHS

Merecem ainda citação, por sua qualidade superior e aceitação internacional:

Asyla (Compass Box Co.) – Bailie Nicol (Glenmorangie) – Black Bottle (Burn Stewart)

Clan MacGreggor (William Grant) – The Claymore (Whyte & Mackay)

Hankey Bannister (Inver House) – Loch Fyne (R. Joynson) - Macarthur's (Inver House) Martin's (Glenmorangie) – Old Smuggler (Campari)

Passport (Chivas) – Pig's Nose (Spencerfield) – Scottish Leader (Burn Stewart)

The Talisman (Tomatin) – Usher's Green Stripe (Diageo) – White and Mackay (W. & Mackay).

Sexto Capítulo

NA IRLANDA

O WHISKEY NA IRLANDA

Com seu whiskey singular e autêntico, a Irlanda oferece uma bebida de gosto inconfundível, marcado pela tradição; o tempo não o alterou significativamente, em parte por conta da tridestilação em alambique, em parte pelo uso de cevada não maltada, finalmente pela ausência do defumado.

Se cada povo tem algo próprio que o identifica, os irlandeses podem se gabar da singularidade de seu whiskey. No entanto, uma causa de problemas para os destiladores da Irlanda é a dificuldade de levar aos consumidores o reconhecimento dessa personalidade própria, algo intemporal e único, que se encontra nas garrafas das marcas Midleton, Jameson, Powers, Green Spot Cooley e Bushmills. Gande parte dos whiskies irlandeses é tridestilada, tradicionalmente com o uso do alambique e modernamente em destiladores contínuos para a obtenção do Grain Whiskey para os Blends. A secagem do malte nas destilarias irlandesas é feita sem recurso à turfa, com uma única exceção para a marca Connemara, da Midleton Distillery.

Além de elaborado em uma das duas Irlandas, o Irish deve ser maturado, por três anos no mínimo, em barris de madeira; na prática, o tempo de maturação chega a 12 anos.

HISTÓRIA – Como vimos na Introdução, foram os primeiros mensageiros da fé cristã, vindos da Península Ibérica ao fim da invasão árabe, que levaram para a Irlanda a prática da destilação, ali adaptada para destilar cereais abundantes na ilha.

Quando da invasão do país pelos ingleses, sob o comando do rei Henrique II, em 1174, a elaboração e o consumo de aguardente de cereais já eram do domínio público.

A destilação de cereais foi realizada por muito tempo pelos monges, até que se deu a dissolução dos mosteiros na Irlanda, por volta de 1550. A partir de então, ela se espraiou pela população laica nas pequenas propriedades rurais, firmando-se como uma indústria à parte da economia.

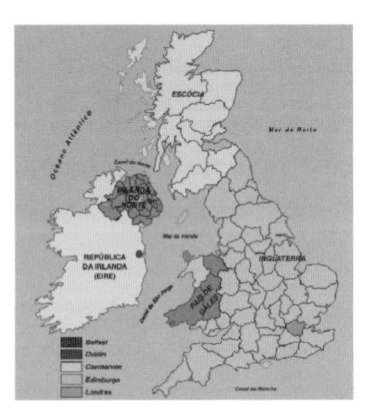

Com a chegada da lei inglesa de 1779, impondo taxas sobre a destilação, apenas 250 das mil destilarias continuaram a funcionar, isto é, 75% delas simplesmente fecharam as portas.

E a *débacle* continuou consistentemente.

Quando Aeneas Coffey patenteou e ofereceu a seus patrícios o sistema de destilação contínua, em 1831, a tradição nacionalista mostrou-se mais forte e quase todos viraram as costas para a novidade. Coffey foi tentar a sorte na Escócia.

Ao chegar o século XX, o número de destilarias na Irlanda não passava de trinta, limitando-se a áreas próximas de Dublin, Belfast e Cork.

Para aumentar as desventuras, seguiram-se a guerra civil e o desdobramento político da ilha; em 1922, a ilha estava dividida politicamente em duas Irlandas.

Em 1965, só restavam duas destilarias na ilha, uma em cada Irlanda. Atualmente, a elaboração de whiskey na Irlanda está concentrada nas mãos de três produtores: Bushmills, Midleton e Cooley.

A Bushmils, no extremo norte da na Irlanda do Norte, tem uma longa história iniciada no século XVIII e só elabora destilados do tipo Single Malt. A moderna destilaria da Midleton, no sul da República da Irlanda, opera desde 1975 e produz uma variedade de diferentes whiskies. A destilaria mais nova data de 1987 e pertence à Cooley, que relançou os nomes Locke's e Tyrconnel em seu portfólio.

COMPARAÇÕES – Assim como o Scotch Whisky, o Irish Whiskey deve sua denominação ao país onde é destilado e envelhecido. Considera-se "Irish" somente o whiskey destilado e envelhecido na ilha da Irlanda.

A elaboração apresenta duas diferenças em relação ao Scotch: o Irish é destilado três vezes – contra duas em geral no Scotch – e entra na sua composição cerca de um terço de cevada não maltada, além de centeio e de trigo.

Além disso, na elaboração de Irish Whiskey utiliza-se carvão para aquecimento, material que não exerce influência significativa no sabor da bebida. A ausência do aroma e do gosto defumado, característico de muitos whiskies escoceses, contribui para a diferença. Devido à sua tripla destilação, o Irish Whiskey apresenta-se com maior teor alcoólico na saída do alambique do que o Scotch. Como na comercialização ambos têm 40%, a necessidade de água de diluição é maior no irlandês.

A maturação se dá em barris de carvalho utilizados anteriormente para rum, brandy, bourbon ou jerez. Outra particularidade irlandesa diz respeito ao toque condimentado que a cevada "crua" confere à bebida.

Encontram-se, entre os irlandeses, três tipos de whiskey que correspondem aos de outros países – Single Malt, Single Grain e Blended – e mais um específico do país: o Pure Pot Still Whiskey, destilado de malte e cevada não maltada em alambique de cobre.

OS PRODUTOS – No momento atual, as principais destilarias irlandesas em funcionamento são:

a Bushmills, na Irlanda do Norte, perto de Londonderry; a Cooley, na Irlanda do Sul, nas proximidades de Dublin e a Midleton, mais ao sul ainda, perto de Cork.

BUSHMILLS – Fundada em 1784, a Old Bushmills, no extremo norte de Irlanda, passou por muitas mudanças ao longo de sua história centenária. Sua sobrevivência, na verdade, deve-se a tais mudanças, resultantes da adaptação da empresa e da destilaria à oscilante realidade tecnológica, econômica e social da região ao longo dos séculos.

Desde 2006 pertence à gigantesca Diageo. A Bushmills elabora maltes não turfados e somente Single Malt Whiskey. Seus Blendeds provêm da mistura com whiskeys da Midleton Distillery (vide adiante).

Entre os produtos que se distinguem por certa doçura e um toque lembrando biscoitos, pode-se destacar o **Bushmills Malt 16, 40% ABV**, envelhecido em barris de bourbon e jerez e mais um ano em barrica de Porto.

Merecem menção o **Bushmills Malt 12 Distillery Reserve**, dado como leve, frutado e adocicado, e o **Bushmills Malt 21 Madeira Finish**, maturado em barrica de vinho da Madeira, no qual se distinguiram notas amanteigadas e também de nozes e avelãs.

Incluem-se, entre outros exemplares da moderna Bushmills, o **The Irishman Single Malt** e o **Knappogue Castle '95**.

E temos os Bushmills Blendeds, resultantes de Bushmills Single Malts com Midleton Grain Whiskey, tais como o **Bushmills Original**, o **Bushmills 1608** e **The Irishman 70**.

COOLEY – Criada pelo governo irlandês há 60 anos – relativamente nova, portanto –, tratava-se originalmente de uma fábrica para obtenção de álcool a partir da batata.

Localiza-se a menos de cinco quilômetros da fronteira com a Irlanda do Norte, entre Dundalk Bay e Carlingford Lough, em uma península cuja extremidade é o Cooley Point, que dá nome à empresa. Ali se encontra o pequeno porto de Greenore, nome de um dos whiskeys da casa.

Adquirida pelo empreendedor John Teeling em 1987, passou por dificuldades durante seis anos, até que, finalmente, os problemas financeiros foram contornados e os alambiques acesos novamente. Juntaram-se a ela, então, os antigos depósitos da Locke Distillery, agora usados para envelhecer os destilados da Cooley.

Exemplares de puro malte da Cooley são o **Locke' Single Malt 8 year-old** e o **Michael Collins Single Malt**.

Devem ser citados, ainda, os denominados **Connemara Malts (Single Malt e Cask Strength)**.

Também da Cooley é o **Greenore Single Grain 8 year-old**, 40% ABV, cujo paladar é descrito como apimentado e achocolatado.

Entre os Blended, a Cooley nos apresenta: o **Inishhowen**, de estilo escocês turfado; o achocolatado **Kilbeggan 15 year-old**; o **Michel Collins Blend**; o **Locke's Blend**; o **Millars Special Reserve** e o **Wild Geese Whiskey**.

MIDLETON – Houve uma época, agora distante, em que a bebida mais querida no Império Britânico era o Irish Whiskey, e não o Scotch. A destilaria Middleton é dessa época.

O surgimento da empresa deu-se em 1867, quando as três destilarias da cidade de Cork, no sul da ilha, conhecida por suas pontes, igrejas e pelo antigo mosteiro, reconheceram que estavam produzindo em excesso e fundiram-se para formar a Cork Distillers Co. Não demorou para que a nova empresa incorporasse também a destilaria da aldeia de Middleton ali pertinho, a leste, mais próxima do mar. Midleton acabou fazendo parte do grupo e seu nome prevaleceu no conjunto.

Em 1975, a empresa modernizou-se construindo nova destilaria e fazendo da Old Middleton um museu. A marca Midleton passou para a Allied Domecq.

> MIDDLETON – A antiga destilaria em pedra, de estilo vitoriano, com três pavimentos, é agora um enorme museu, onde se pode ver, na parte externa, o maior alambique do mundo.
>
> Nos seus tempos áureos, a marca do destilado da Middleton era denominada "Paddy", homenagem ao seu hábil vendedor Paddy Flaherty, tão influente que os clientes irlandeses, em vez de pedir um Irish Whiskey, pediam um "whiskey do Paddy Flaherty".
>
> A marca Paddy, atualmente, é voltada para Blended Irish Whiskeys.

A Midleton elabora whiskey sob marcas diversas, entre elas Green Spot, Redbreast, Paddy, Jameson e Powers. Destaquemos alguns exemplares:

O **Midleton Redbreast 12 year-old Pot Still** é representante da tradição irlandesa do *pure pot still*, de sabor pronunciado, feito de whiskeys fortes maturados no mínimo 12 anos em barris de jerez e de bourbon. Existe também na versão 15 anos, considerada excepcional.

O **Midleton Clontarf Single Malt** 40% ABV, purificado em filtro a carvão.

O **Midleton Green Spot Irish Whiskey** 40% ABV, maturado de 6 a 7 anos.

Entre os Midleton Blendeds, são destaques os Tullamore (**Tullamore Dew 12 e Tullamore Dew Heritage**) e os Jameson (**Special Reserve 12 e Limited Reserve 18**), sem esquecer o **Crested Ten,** lançado em 1963.

RENASCIMENTO

Tendo passado por todas as vicissitudes que levaram o antigo esplendor de mil refinarias no século XVIII para apenas três no século XXI, a indústria do whiskey na Irlanda parece viver um momento de tranquilidade e de renascimento.

A Midleton viu expandir sua marca Jameson, o whiskey irlandês mais vendido no mundo, além de ter colocado com sucesso o

Crested Ten, à moda tradicional, em 1963, e o ter revivido, em 1994, o Pot Still Dungorney de trinta anos antes.

Por ação da Diageo, a Bushmills reformou totalmente sua sala de maceração em 2007, com tonéis novos e *washback* em aço inoxidável, mantendo porém a tradição irlandesa da tripla destilação nos seus exemplares Original e Black Bush.

A Cooley relançou velhas marcas, como Locke's, Millars e Tyrconnel, além de inovar com o Greenore Single Grain, bidestilado e o único Irish Whiskey de um só cereal. Seu Connemara é um Peated Single Malt que traz a novidade de ser turfado, afastando-se da tradição.

Se isso é verdadeiro e novo ciclo de prosperidade acontecer, como se espera, certamente os motivos terão sido a qualidade e a tipicidade do Irish Whiskey tradicional.

Sétimo Capítulo

NOS ESTADOS UNIDOS

O que chama a atenção inicial do visitante interessado em whiskey nos principais estados produtores dos EUA – o Kentucky e o Tenessee, no centro-leste do país – é a enorme extensão de suas terras, contrastando com as áreas limitadas da Escócia e da Irlanda.
Nos vastos terrenos desses estados, o plantio do milho mostra-se muito favorável, assim como surge em abundância a água natural pura, filtrada pelo subsolo calcário.
O Kentucky, origem do Bourbon Whiskey, continua sendo o maior estado produtor com suas dez grandes destilarias espalhadas pelas cidades de Louisville, à margem do rio Ohio, Frankfort ao norte, Lawrenceburg e Bardstown ao centro.
Considera-se que o melhor whiskey estadunidense de centeio – Rye Whiskey ou simplesmente Rye – seja destilado no Kentucky, como sugerem os famosos **Wild Turkey Rye**, de Lawrenceburg, e o **Jim Beam Rye**, de Clermont.
Mas também o vizinho estado do Tenessee, ao sul, merece atenção especial, quando nada pela presença da Jack Daniel Distillery, cujo **Old Time Old No. 7**, com o rótulo de fundo preto, goza de enorme popularidade internacional.
A produção americana de whiskey se espraia, adicionalmente, pelos estados de Missouri, Ilinois e Indiana no centro-leste, pela Pensilvânia e Virginia na costa leste, e pela Califórnia na costa oeste.

A HISTÓRIA DO AMERICAN WHISKEY – Assim como no Velho Mundo, a história do whiskey nos EUA é uma história de impostos e taxas. Quando o secretário do Tesouro Alexandre Hamilton convenceu o Congresso, em 1791, a aprovar a taxação dos destilados, anunciou aquele gasto como uma medida de disciplina social, mais do que de fonte de recursos.

Mas o novo imposto prejudicava muito mais os inúmeros pequenos produtores do que o círculo limitado das grandes destilarias – entre estas, a do presidente George Washington.
Os fazendeiros que usavam o excesso de produção de cereais para fazer whiskey consideraram o imposto discriminatório.

WHISKEY BOYS – Houve reuniões de protesto semelhantes às de vinte e poucos anos antes, quando da revolução americana. Em diversos condados, apareceram insurgentes – os "Whiskey Boys" – engajados numa campanha contra os coletores federais.

O lendário Tom the Tinker (algo como "Toninho, o Funileiro"), provavelmente uma criação dos rebeldes para mostrar alguém como líder, assumiu a liderança da rebelião e estabeleceu que a obediência à lei era um ato tão desprezível quanto a cobrança da taxa. Em seu nome foram publicados anúncios chamando os correligionários para a ação, conseguidos através de ameaças ao editor do jornal.

As tensões atingiram o apogeu em 1794, quando os colonos sentiram sua posição econômica ameaçada. Nas proximidades de Pittsburg, Pensilvânia, os protestos transformaram-se em revolta com atos de vandalismo, roubos do correio e ataque aos fiscais da receita.

Isso abriu caminho para que o presidente George Washington e seu secretário do Tesouro, Alexander Hamilton, fizessem da Pensilvânia um teste de autoridade: os delegados foram orientados a levar os insurgentes às cortes federais e foi invocada a lei marcial em vários estados. Reagindo diretamente, uma milícia de quinze mil homens sob as ordens de Washington aprisionou rebeldes e sufocou a revolta.

Assim, a primeira vez em que o governo federal dos Estados Unidos usou a força militar para fazer valer sua autoridade e uma das poucas em que o presidente comandou pessoalmente uma força no campo de batalha foi por conta do whiskey.

Sufocada a revolta e realizados ajustes políticos na área tributária, a vida das destilarias se normalizou temporariamente e o número delas explodiu: em meados do século XIX, havia sete mil destilarias nos EUA, milhares de pequenas empresas familiares, centenas de tamanho médio, dezenas de grandes, sendo duas mil no Kentucky e outras cinco mil espalhadas pela Pensilvânia, Connecticut, Ohio e Geórgia.

As destilarias de whiskey faziam parte da paisagem e da vida no interior dos EUA.

A LEI SECA – À medida que ocorria esse crescimento, movimentos cada vez mais fortes e eficazes no sentido de prejudicar as destilarias ou eliminá-las rapidamente surtiram efeito. Muito antes de ser promulgada a Lei Seca, alguns estados já haviam proibido o consumo de whiskey e expulsado as destilarias de seu território.

O período histórico de 1919 a 1933, em que vigorou a proibição das bebidas alcoólicas a pártir da promulgação da Lei Volsted, viu o desaparecimento de boa parte das destilarias. Muitas delas deixaram de existir definitivamente. Quando da revogação da lei, o prejuízo para a indústria do bourbon tinha sido incalculável.

O Rye – popular whiskey de centeio – praticamente desapareceu. Dezenas de carcaças de antigas destilarias ainda testemunham o que foi, no passado longínquo, o apogeu da indústria de bourbon no *hinterland* americano.

A reação veio timidamente até o término da Segunda Guerra Mundial. A segunda parte do século XX assistiu a uma retomada da indústria do whiskey, consolidando-se um número relativamente pequeno de empreendimentos eficientes, ainda que ligados à tradição. O número de destilarias do Kentucky, o maior produtor, conta-se hoje nos dedos.

DADOS ATUAIS – Em 2003, a produção americana de bourbon já ascendia a 2,2 milhões de caixas, representando vendas de US$ 500 milhões. E em 2007, as vendas de whiskey para o exterior ultrapassavam, pela primeira vez, o bilhão de dólares, tendo como destino a Inglaterra, o Canadá, a Alemanha, a Austrália e o Japão, entre os desenvolvidos, e a China, Vietnam, Brasil, Chile, Romênia e Bulgária, entre os emergentes.

Comprovando a importância dada ao whiskey nos EUA como um fator cultural, econômico e histórico, o Senado americano aprovou uma resolução declarando setembro de 2007 como o mês nacional da herança do bourbon: "National Bourbon Heritage Month", registrando oficialmente a importância da história do Bourbon Whiskey, a nível político, na história do país.

TIPOS DE WHISKEY DOS ESTADOS UNIDOS

Podemos destacar seis tipos diferentes de whiskey americano, a saber:
- Kentucky Bourbon Whiskey
- Straight Whiskey
- Blended Bourbon
- Corn Whiskey
- Rye Whiskey
- Sour Mash
- Tennessee Whiskey

O bourbon do Kentucky contém um mínimo de 51% de milho na mistura de cereais. Em geral, é envelhecido em barris de carvalho por um período de dois anos, sendo que os de qualidade superior têm um período médio de quatro anos de envelhecimento.
Elaborado no Estado do Kentucky, seu envelhecimento é feito na própria região.
O bourbon é o destilado americano de maior aceitação nos EUA e no mundo.
Como exemplos, o bourbon da marca Wild Turkey (vide capítulo específico para o Kentucky Bourbon, a seguir).
O Straight Whiskey deve ser destilado a 80% ABV e envelhecido em barris novos de carvalho, previamente tostados, durante um período mínimo de dois anos. À época do engarrafamento, a graduação alcoólica deve ficar entre os 40 e 55% ABV.
A mistura de cereais deve ter uma percentagem mínima de 51% de um dos cereais. Quando a percentagem mínima de milho é de 51%, trata-se de um Bourbon Straight Whiskey. Se contiver

pelo menos 51% de centeio (Rye),será um Straight Rye Whiskey. Ao Straight Whiskey só se deve adicionar água de diluição, não podendo ser misturado com nenhum outro whiskey. Se isso acontecer, muda de nome. O Jim Beam Kentucky Straight Bourbon Whiskey é um exemplo.

O Blended Bourbon é um whiskey à base de milho contendo um mínimo de 20% de Straight Whiskey misturado com outros whiskeys da região.

A Four Roses oferece um Seven Crown Blended Whiskey, rótulo anteriormente pertencente à Seagram.

Se a percentagem de milho (*corn*) na mistura de cereais é de 80%, a bebida passa a ter o nome de Corn Whiskey. É o caso do "impetuoso" Mellow Corn Whiskey 50% ABV, da Heaven Hill Distilleries.

Considera-se um Blended Rye se na sua mistura entrar, no mínimo, 20% de Straight Rye Whiskey associado a whiskeys de uma ou mais destilarias. Quando misturado com vários Straight de destilarias diferentes, trata-se de um Blended Straight Rye. Raramente se confunde um bourbon usual com um Rye Whiskey, pois este tem um odor mais acentuado e marcante.

Denomina-se Sour Mash um whiskey em cujo início de elaboração foi adicionado material reaproveitado da fermentação anterior, levando a um conjunto de leveduras mais ácidas do que o normal na fermentação da "cerveja".

O Whiskey Sour Mash não tem a indicação do método no rótulo, evitando-se assim explicitar a palavra *sour* (azedo).

Pode-se considerar o método sour mash *como um passo adiante no aproveitamento da matéria-prima e na eficiência do processo.*

Em cada nova fermentação, acrescenta-se certa quantidade do resíduo sólido ácido da fermentação anterior, ainda contendo leveduras vivas.

Com isso, parte das perdas que seria usada como alimento para animais é reaproveitada no processo, com duas vantagens pelo menos: a adição da mistura ácida controla a proliferação de micro-organismos que poderiam alterar a cor do destilado e propiciam um pH adequado para a atividade dos fermentos.

Mais uma evidência do espírito prático dos americanos.

O Tennessee Whiskey, cujo produtor pioneiro foi Jack Daniel, também é elaborado pelo processo *sour mash* e purificado em um filtro de carvão com uma camada de açúcar que lhe proporciona um paladar macio.

KENTUCKY E O "BOURBON WHISKEY"

Como agradecimento pelo apoio da França na luta pela Independência, os pioneiros americanos deram nomes franceses a algumas das áreas por eles desbravadas na América.
Uma delas, próxima do rio Ohio, foi batizada como Bourbon.
Dessa forma, a antiga família real francesa dos Bourbons, cujos membros reinaram na França, em Nápoles, nas Duas Sicílias, em Parma e na Espanha, não poderia imaginar que, cedendo seu nome para aquela área, mais tarde um "município" do Kentucky – o Bourbon County – permaneceria indelevelmente no espírito americano como um tipo de bebida destilada: o Bourbon Whiskey, "*a distinctive product of the United States*", elaborado desde o século XVIII.
Ressalve-se que, atualmente, não mais existem destilarias dentro dos limites do Bourbon County, já que outros "condados" se formaram com a subdivisão da área original.

ORIGEM DO BOURBON – Quando da conquista do oeste, por volta de 1785, os pioneiros da Virgínia, entre eles irlandeses e escoceses, ultrapassaram o Desfiladeiro de Cumberland e defrontaram-se com vastas regiões desabitadas. Uma grande área conhecida entre os indígenas como "Ken-tah-teeh", isto é, "a terra onde viveremos", tornou-se o Kentucky. Uma outra banhada pelo rio Ohio foi batizada, como vimos, com o nome da casa dos Bourbons.

Mais tarde, quando essa região contava com algumas destilarias, ela foi politicamente subdividida em várias outras e passou a ser chamada popularmente Old Bourbon; nela estava localizado o porto fluvial – o Ohio River Port – usado para a expedição de whiskey de milho em barricas que ostentavam a expressão "Old Bourbon" como indicação de origem.

Os primeiros fabricantes de whiskey na América foram colonizadores irlandeses e escoceses, e isso se deu por volta de 1716.

Ainda que o bourbon não tenha tido um inventor único, atribui-se lendariamente sua "invenção" a um pastor batista pioneiro, o reverendo Elijah Craig, que teria sido o primeiro a amadurecer o destilado de milho em barricas tostadas, que conferiram à bebida sua cor avermelhada e seu sabor marcante.

Na realidade, a prática de usar barris tostados já era conhecida no Velho Mundo há séculos e provavelmente ela foi levada para os EUA por imigrantes da Escócia e da Irlanda.

Mas a lenda persiste e ainda é usada pelo turismo local, a ponto de o pastor evangélico ter-se tornado nome de whiskey, o **Elijah Craig Straight Bourbon 12 year-old** *da Heaven Hill Distilleries, de Bardstown.*

Já o primeiro destilado levando no rótulo a expressão "Bourbon Whiskey" teria sido engarrafado pelo produtor Jacob Spears, cuja residência de verão – o Stone Castle – sobreviveu ao tempo e pode ser ainda hoje visitada.

Old Bourbon foi o primeiro destilado provado por muita gente e, com o tempo, todo o whiskey feito à base de milho passou a ser chamado bourbon whiskey ou apenas bourbon.

Embora possa ser elaborado em qualquer lugar dos Estados Unidos onde seja legalmente permitida a produção de bebidas alcoólicas, o Bourbon é associado ao Kentucky, reservando-se para o whiskey de milho destilado no Tenessee a denominação Tenessee Whiskey, e para o whiskey de centeio, a denominação Rye Whiskey ou simplesmente Rye.

TRADIÇÃO E MODERNIDADE – De qualquer forma que seja destilado, somente o whiskey elaborado nos EUA pode ser rotulado como bourbon. A destilação tradicional acontecia em alambiques de cobre; modernamente, o uso de destiladores contínuos é muito mais comum.

Mais de 90% do bourbon do mercado é destilado e envelhecido no Kentucky. Ainda que haja dezenas de destilarias de whiskey nos EUA, o processo completo de elaboração só se encontra nesse estado americano que sobreviveu a várias crises, o que não aconteceu, por exemplo, em Maryland e na Pensilvânia.

PADRÕES DE ELABORAÇÃO – A mistura de cereais típica para o bourbon – conhecida como *mash bill* – inclui milho (que geralmente predomina), trigo, centeio e cevada maltada.

O cereal moído, embebido em água, é misturado com resíduos de uma fermentação prévia, formando o *sour mash*, que será fermentado por adição de leveduras. O fermentado é destilado a um teor entre 65 e 80% ABV e transferido para barricas de carvalho tostado. Após a maturação, a bebida é diluída a 40% ABV.

Não havendo a diluição, será comercializada como *barrel proof*. Havendo uma diluição excessiva, será rotulada de "Diluted Bourbon".

Em 1964, foram estabelecidos requisitos para a elaboração do bourbon, entre os quais:

– ser feito de uma mistura de cereais que tenha, no mínimo, 51% de milho;
– ser destilado a um máximo de 80% ABV;
– entrar em barril de maturação de carvalho tostado novo, com, pelo menos, 62,5% ABV;
– ser engarrafado com um mínimo de 40% ABV.

O destilado que, além de obedecer a tais requisitos, tenha envelhecido por um mínimo de dois anos e não tenha recebido corantes pode ser rotulado "Straight Bourbon".

Assim como na Escócia, se o bourbon tem sua idade estampada no rótulo, ela se refere à idade do whiskey mais jovem do Blend.

DESTILARIAS E MARCAS DO KENTUCKY – Para os amantes de whisky que gostam de fazer turismo, a autoridade estadual do Kentucky coloca à disposição o "Kentucky Bourbon Trail", com possibilidade de visita a seis destilarias locais:
– a Heaven Hill, na cidade de Bardstown, considerada a capital do bourbon;
– a Four Roses e a Wild Turkey, em Lawrenceburg;
– a Maker's Mark, em Loretto;
– a Woodford Reserve, em Versailles;
– a famosa Jim Beam, de Clermont.

Enquanto isso, façamos um passeio virtual, como afinal de contas está na moda, pelas marcas afamadas do Kentucky:

JIM BEAM – Destaque-se, inicialmente, a Jim Beam Distillery, em Clermont, 40 km ao sul de Louisville, no condado de Bullit, Kentucky.
A empresa familiar foi iniciada por volta de 1795 na área de Bourbon pelo alemão Jacob Boehm (sobrenome adaptado nas gerações seguintes para Beam), cujo bisneto James "Jim" Beam (1864 – 1947) construiria a destilaria de Clermont e daria nome definitivo à propriedade.
São produtos dessa destilaria os Straight Bourbons nas versões
White Label 4 year-old 40% ABV, floral, abaunilhado;
Black Label 8 year-old 45% ABV, frutado, notas de melaço;
Jim Beam´s Choice 5 year-old 40% ABV, suave e caramelado.
Jim Beam destila também whiskey de centeio, comercializado como **Jim Beam Straight Rye Whiskey,** untuoso, mélico, condimentado.

WILD TURKEY – Destilaria de Lawrenceburg, foi construída em 1905 pelos irmãos Ripy em um penhasco banhado pelo rio Kentucky, em frente à Tyrone Rock, onde se encontrava a fábrica do pai deles.

A denominação "Wild Turkey" (=peru selvagem), pertencente desde 1980 à internacional francesa Pernod Ricard, vem de uma caçada a perus selvagens, organizada pelo presidente da então proprietária Austin Nichols, para a qual se separou certo volume de whiskey das caves da destilaria.

Dois exemplares são da linha Straight Bourbon, caramelados e abaunilhados:

Wild Turkey Whiskey 80 Proof 40% ABV;
Wild Turkey Whiskey 101 Proof 50.5% ABV.

Outro bourbon de renome é o forte **Wild Turkey Rare Breed 54,2% ABV,** dado como a completa perfeição.

Registre-se, ainda, o **Russel's Reserve 10 year-old,** sem esquecer o **Wild Turkey Kentucky Straight Rye,** o whiskey de centeio da marca.

OUTROS – Evitando uma listagem excessiva, ainda que correndo o risco da omissão, limitemo-nos aos outros exemplares seguintes:
– da Barton Brands, em Bardstown:

Barton Ridgemeount Reserve 1792
Barton Kentucky Gentleman

– da Four Roses Distilling Co., em Lawrenceburg:

Four Roses Single Barrel Bourbon 43% ABV
Four Roses Small Batch Bourbon 45% ABV

– da Heaven Hill/Bernheim Distilleries:

Heaven Hill Old Bourbon 4 year-old 40% ABV (de milho)
Bernheim Original Straight Wheat Whiskey (de trigo)
Rittenhouse Rye Whiskey 50% ABV (de centeio)

– da Maker's Mark Distillery, de Loretto:

Maker's Mark Straight Bourbon Whiskey

Além de uma especialidade fora de série, já fora da linha de produção: o **Maker's Mark Black Seal.**

TENESSEE E O "TENESSEE WHISKEY"

O subsolo calcário do Kentucky estende-se ao seu vizinho do sul, o estado do Tenessee, onde se localiza Nashville, a capital da música *country*, de forma que também aqui há disponibilidade de água pura adequada para o whiskey.

Ainda que o Tenessee Whiskey seja elaborado por processo semelhante ao do bourbon, ele leva seu nome próprio, uma categoria que foi reconhecida oficialmente em 1941.

Uma distinção notável em relação ao bourbon é a purificação do destilado em filtro de carvão, conhecida como *Lincoln County Process*, mas há que ressaltar que nem todas as destilarias do estado a utilizam e que algumas do Kentucky o fazem.

Por incrível que pareça, hoje só há duas destilarias legais no estado, das setecentas que pululavam clandestinamente por lá no século XIX.

A seguir, algumas informações sobre as duas principais destilarias do Tenessee: a Jack Daniel's em Lynchburg, pertencente ao grupo Brown-Forman, e a George Dickel, de Normandy, agora de propriedade da Diageo.

JACK DANIEL'S – Empresa de renome internacional, pertencente à firma de larga escala Bown-Forman Distillery Corporation, a Jack Daniel's tem sua destilaria em Lynchburg, Moore County, com capacidade anual de 90 milhões de litros de álcool.

Exporta dez milhões de caixas de whiskey por ano para 150 países. Deve seu nome ao empreendedor Jasper Daniel (1846 – 1911), apelidado de Jack, que, ainda jovem, instalou um alambique numa área próxima de Lynchburg contando com água pura de fonte calcária. Progrediu e construiu uma destilaria completa no local.

Tendo mais tarde se associado ao sobrinho Lem Motlow, concordou com a transferência do empreendimento para Saint Louis. Faleceu aos 65 anos, em conseqüência de um acidente doméstico que resultou em uma infecção de um dos pés, seguida de gangrena e amputação.

Em 1938, os herdeiros de Motlow retornaram à antiga destilaria, que dirigiram com sucesso, até a venderem, em 1956, para os proprietários atuais.

Os rótulos da linha de frente da Jack Daniel's são:

Jack Daniel's Old no. 7 43% ABV: de enorme popularidade internacional, inclusive entre os jovens.

Jack Daniel's Gentleman Jack 40% ABV: filtrado duas vezes em filtro de carvão, mais maduro e frutado que o no. 7;

Jack Daniel's Single Barrel Tenessee Whiskey 47% ABV.

GEORGE DICKEL – Não tendo o mesmo volume de marketing da Jack Daniel's, os destilados da Dickel, em Normandy, são bem menos conhecidos que os de seus vizinhos, apesar de seus produtos de primeira linha, havendo quem diga que seu Special Barrel Reserve, pela sofisticação e complexidade, equivaleria em Bordeaux a um Lafite-Rothschild.

Para se ter uma ideia, nos anos 1990, se o número de visitantes na Jack Daniels ultrapassava os trezentos mil por ano, o equivalente na Dickel, na Cascade Hollow Road, não chegava aos dez mil.

Essa área conhecida como Cascade Hollow, próxima à antiga estação ferroviária de Tullahoma, por onde passava o Chatanooga Choo Choo em direção a Nashville, é cercada de pastagens em terrenos acidentados limitados por fileiras de árvores, ao estilo da Suíça e da Áustria.

Nela, o alemão Dickel, que antes já se dedicava ao negócio do whiskey, registrou sua empresa e instalou sua destilaria em 1879, abandonada em 1910 com a imposição da lei seca no estado e reinstalada em outro local ali perto em 1958.

Como Daniel, ele terminou a vida devido a um acidente pessoal: no seu caso, caindo do cavalo.

Também aqui se usa a filtragem por carvão, ainda que o segredo da Dickel pareça estar nos depósitos de envelhecimento: é a única destilaria em que os barris encontram-se em um único andar, com exposição homogênea aos elementos naturais.

Após uma série de fusões e aquisições, a marca passou a pertencer à multinacional Diageo, que oferece ao mercado dois destilados abaunilhados, um mais alcoólico que o outro:

George Dickel no. 8 - 40% ABV;
George Dickel no. 12 – 45% ABV.

Fora de série, há quem inclua o **George Dickel Special Barrel Reserve** entre os whiskies mais complexos e sofisticados dos Estados Unidos.

Oitavo Capítulo

NO CANADÁ

O whisky canadense – Canadian Whisky – é também conhecido como Canadian Rye Whisky, pelo fato de o centeio ser usado regularmente, em proporções diversas, como matéria-prima, no país do norte. Não há, entretanto, na regulamentação canadense, a obrigatoriedade de se utilizar um mínimo de centeio, como acontece com o Rye dos EUA. Cabe ao produtor determinar a porcentagem de cada cereal: geralmente, sete porções de milho para cada uma de centeio.

Ainda que se trate verdadeiramente de um whisky, na medida em que é um destilado de cereais envelhecido em barricas, não há como se comparar o Canadian Whisky a um Scotch Malt Whisky: não só as matérias-primas são outras, como existem diferenças no próprio processo de elaboração, com consequências no aroma e no sabor.

As destilarias canadenses estão focadas nos Blendeds. O Canadian, originado de uma mistura de whiskies de centeio aromatizado, maltado ou não, mesclados com destilados leves e macios de milho ou cevada em proporção bem maior, é tido como o mais suave de todos os whiskies do mundo.

HISTÓRIA – As referências mais antigas aos destilados canadenses são do fim do século XVIII e se devem a relatos de caçadores de peles, nos quais se evidenciam tanto a importância da bebida para a vida dos aventureiros, como o fascínio da mesma sobre as populações indígenas.

Por volta de 1850, o Canadá contava com duzentas destilarias, e o consumo de whisky, abundante e bem mais barato do que o vinho, já era parte da rotina de muitos habitantes do país, contando-se entre eles numerosos imigrantes escoceses.

Como sempre, a imposição de taxas representaria um golpe para os pequenos destiladores. Somente as grandes empresas de Toronto tiveram fôlego para enfrentar a novidade, inclusive porque haviam instalado destiladores contínuos, em vez de alambiques. Muitas das destilarias menores fecharam as portas.

Até hoje a elaboração de whisky em alambique no Canadá não passa de exceção.

Com a Lei Seca nos EUA, a produção de whisky no Canadá passou por novo esplendor.

O MASSACRE – Com a promulgação da Lei Seca, passou a predominar de novo nos EUA a clandestinidade entre os fornecedores norte-americanos.

À medida que as destilarias ianques fechavam as portas, enormes quantidades de whisky canadense eram contrabandeadas para os EUA através dos Grandes Lagos.

Foi a vez da contravenção, do contrabando e do banditismo.

O conhecido Massacre do Dia de São Valentim, em 1929, teve lugar quando uma carga de whisky canadense destinada a Al Capone foi desviada por membros da quadrilha do seu desafeto "Bugs" Moran.

No dia 14 de fevereiro (Valentine's Day ou Dia dos Namorados nos EUA), os cadáveres de seis membros da quadrilha de Moran, marcados por tiros, jaziam ao lado de um muro, numa rua de Chicago.

A Lei Seca vigorou até 1930. A situação normalizou-se no após guerra e muito pouco sobreviveu dos tempos áureos. Hoje, o Canadá, que não se encontra mais entre os grandes produtores, conta com não mais do que dez destilarias distribuídas de oeste (a Potter, na Colúmbia Britânica) a leste (Glenora, na Nova Escócia). Dois nomes canadenses conhecidos internacionalmente são o do **Canadian Club** e o **Canadian Mist**, ambos de Ontário, com forte presença nas lojas e supermercados dos EUA.

PARTICULARIDADES NA ELABORAÇÃO – Do cereal moído, obtém-se o mosto açucarado, que é posto numa cuba para ser fermentado durante cinco dias, após inoculação de leveduras. A mistura fermentada é processada em destilador contínuo (*patent still/coffey still*) e aí se tem uma outra distinção: ao contrário das escocesas, as destilarias canadenses não procuram reter os aromas das matérias-primas.

O destilado é amadurecido em barris tostados, usados anteriormente com bourbon, ou em cascos de carvalho branco durante, no máximo, três anos antes de ser misturado. Como não há no Canadá um controle rigoroso da maturação, cabe a cada destilador determinar suas regras, podendo haver até mesmo compensação com destilado novo para cobrir perdas por evaporação. Assim, em várias destilarias canadenses, os anjos não levam sua parte.

Outra distinção do sistema canadense é a adição de caramelo ao whisky de centeio puro e a outros, para acentuar a tonalidade da cor e acrescentar aroma.

A regulamentação americana não permite a comercialização de Straight Whisky no território dos EUA; por isso, todos os whiskies canadenses destinados à exportação são Blendeds.

DESTILARIAS E WHISKIES – Torna-se conveniente distribuir as destilarias do Canadá por estado; façamos isso de oeste para leste:

COLUMBIA BRITÂNICA (cidade principal: Vancouver)
Nesse estado banhado pelo Pacífico, encontra-se a Potter Distillery, de Okanagan, fundada pelo empresário Ernie Potter em 1958. Suas marcas-padrão – o **Potter's Old Special** e o elogiado **Potter Bush Pilot** – pertencem, atualmente, à Highwood Destillers, de Alberta.

Ambos os wiskies carregam um estilo escocês, não fosse por uma curiosa coincidência: o lendário monstro Ogopopo, no Lago Okanagan, lembra a lenda de Nessie, o sempre procurado e nunca encontrado monstro do Lago Ness.

O whisky de centeio da destilaria é rotulado **Highwood's Potter's Rye**.

ALBERTA (cidade principal: Calgary)

Prensado entre Columbia e Saskatchewan, o estado de Alberta conta com a Alberta Distillers e a Highwood Distillery, próximas a Calgary, e a Palliser Distillery ao sul, um pouco mais afastada.

A Alberta Distillers, com fábrica nos arredores de Calgary, conta com a água pura das Montanhas Rochosas e usa para a maturação barris *first-fill* de bourbon ou barricas novas de carvalho branco. Está presente no mercado com dois **Alberta Premium 40% ABV**, um de cinco e outro de dez anos, além de um produto de caráter comercial, mais doce, com 9,09% de centeio na fórmula e adições, rotulado **Alberta Tangle Ridge**.

A Highwood Distillers, de uma área denominada Highwoods, com terras férteis e vasta produção de cereais, foi criada em 1974 como Sunnyvale Destillery, adotando o nome atual dez anos mais tarde. Conhecida por seus destilados de centeio, a Highwood tem no seu **Highwood Rye Whisky** o rótulo próprio mais conhecido além do **Highwood Centennial** e dos exemplares da Potter's, hoje anexados à marca Highwood.

Da Palliser Destillery, da localidade de Lethbridge, sai o **Black Velvet Canadian Whisky** 40% ABV, destilado popular elaborado em destilador contínuo de três torres e aromatizado.

MANITOBA (cidade principal: Winnipeg)

Conta com duas destilarias: a Gimli, da Diageo, e a Mapple Leaf – a folha da bandeira canadense – na fronteira com os Estados Unidos.

A Gimli Distillery, criada em 1968, foi durante certo tempo a única destilaria da Seagram no Canadá, até que passou, no início do Terceiro Milênio, para a Diageo. Situa-se à margem do Lago Winnipeg, alguns quilômetros ao norte da cidade de Winnipeg, e conta com uma capacidade de estocagem superior a um milhão de barris.

Seus produtos de frente são o **Crown Royal** e o **Crown Royal XR**, que até os anos 1990 eram rotulados "Seagram's Crown Royal". Ainda da época da Seagram, antes que ela sucumbisse à decadência da indústria de whisky no Canadá, dois rótulos da Gimli tinham destaque internacional: o "Seagram's V. O. Canadian 6 years old" e o "Canadian Finest Seagram's VO Whisky de Prestige".

ONTÁRIO (cidade principal: Toronto)

Na região dos Grandes Lagos, encontram-se as duas marcas canadenses mais conhecidas: a Canadian Mist, em Collingwood, e a Canadian Club, em Windsor.

A Canadian Mist, construída em 1967 em Collingwood, próximo a Georgia Bay, pela empresa Barton Brands, beneficiou-se da localização próxima aos EUA e da facilidade de transporte e frete, para tornar-se, em breve tempo, o whisky canadense preferido dos norte-americanos. Pertence atualmente ao grupo internacional Brown-Forman, proprietário também da Jack Daniel's.

O nome da bebida comercializada popularmente é **Canadian Mist** 40% ABV. Uma edição especial chamada "Canadian Mist 1885 Special Edition" foi dada à luz nos anos 1990 com sucesso e depois descontinuada.

Situada à margem do rio Detroit, a Canadian Club faz parte da história do whisky canadense. A destilaria foi construída com o nome de Walkerville Distillery, em 1858, pelo abastado empresário Hiram Walker, da área de tabaco e da navegação. Vinte seis anos mais tarde, a bebida foi rotulada Canadian Club. No século XX, popularizou-se no mundo como um whisky para coquetéis.

Os herdeiros de Walker constituíram a empresa familiar Hiram Walker & Sons Ltd. Distillers, que levou adiante a destilaria, agora com o nome de Hiram Walker Distillery, e a marca, até que no início do século XXI aconteceu a divisão e a venda: a destilaria, modernizada e ampliada, passou para o controle da Pernod Ricard, e a marca Canadian Club, para a empresa americana Jim Beam Global.

Entre seus exemplares à disposição no mercado, encontram-se:
Canadian Club 40% ABV, o mais simples da série, abaunilhado e untuoso;
Canadian Club Classic 40% ABV, caramelado, seco, num belo frasco de perfume;
Canadian Club Special Reserve 10 years old, com maior proporção de centeio.
Merece ser citado um whisky canadense de 4 anos, fora de série, da Hiram Walker, dos anos 1990 e hoje fora da linha de produção, denominado "Walkerville Special Old".

QUEBEC (cidade principal: Montreal)
Das quarenta destilarias existentes no passado no estado de Quebec, restou apenas uma, a Valleyfield Schenley, conhecida como Old Schenley Distillery, localizada 50 km a noroeste de Montreal, atualmente com capacidade de destilar 25 milhões de litros por ano, entre whisky, vodca e rum.
Pertencente à United Distillers nos anos 1990, passou posteriormente para a Barton Brands, proprietária também do Black Velvet e produtora de Bourbon no Kentucky.
Para seu whisky superior, a Valleyfield adotou a denominação Original Fine Canadian – OFC –, sendo que o **Schenley OFC 40% ABV** é dado como dos melhores destilados que o Canadá tem para oferecer.
O outro é rotulado **Schenley Golden Wedding 40% ABV.**
Seu whisky mais afamado da época da United Distillers era o "Gibson's Finest Canadian Whisky 12 years old", agora fora de linha.

NOVA ESCÓCIA (cidade principal: Halifax)
No extremo leste do país, em pleno Oceano Atlântico, numa ilhota na ponta norte da Península conhecida como Cape Breton, situam-se os chalés para hóspedes e as instalações High Tech da Glenora Distillery. Relativamente recente, ela foi construída pelo funcionário público local Bruce Jardine, em 1989, que conseguiu

associar, em um único projeto, a arquitetura, a mão de obra especializada, a tecnologia e os destiladores escoceses, passando-o mais tarde para as mãos de um empresário de Halifax que tinha feito uma oferta por baixo e levou.

Trata-se da mais escocesa das destilarias canadenses, inclusive no uso de alambiques de cobre, e seu "Kenloch Single Malt Scotch Whisky" foi uma comprovação disso no passado, muito malvista pelos escoceses. No seu rótulo, lia-se também "Cape Breton Highlands".

Os rótulos atuais são **Glenora Canadian Whisky** e **Glen Breton Ice Whisky**.

Nono Capítulo

NO JAPÃO

O modelo para os whiskies japoneses é o Scotch Single Malt, embora haja exemplares de Blends no Japão. A cevada maltada – matéria-prima básica – é seca em fornos com turfa e a destilação dupla é conduzida em alambique pelo método *pot still*.
Por muito tempo afirmou-se que qualquer whisky produzido ao estilo escocês fora da Escócia não poderia atingir os padrões das destilarias escocesas. Por esse motivo, as vendas de whisky japonês limitavam-se ao mercado interno.
Recentemente, porém, a publicação inglesa especializada *Whisky Magazin* organizou degustações às cegas incluindo exemplares nipônicos ao lado de maltes de destilarias incluídas entre as melhores da Escócia. Mais de uma vez, os whiskies japoneses da Yoichi e da Yamazaki tiveram avaliação superior à de competidores escoceses.
Muitos dos aficionados de whisky que experimentam ou degustam pela primeira vez Malt Whiskies nipônicos constatam com surpresa – foi o meu caso – que eles se mostram à altura de alguns escoceses. O Malt Whisky de 18 anos da Suntory – o "Suntory Hakushu Single Malt" – foi, para mim, um exemplo.
No passado, isso se deveu a que, além de adquirir destilarias quase completas na Escócia, os japoneses compravam Scotch a granel para misturar aos maltados nativos.

A MULHER DO DESTILADOR JAPONÊS – O know-how escocês foi, inicialmente, absorvido pelos nipônicos no período entre as duas Grandes Guerras, quando o jovem Masataka Taketsuro, de uma família de produtores de saquê, viajou para a Escócia e frequentou a Universidade de Glasgow, fazendo estágios em Campbeltown e no Speyside.
Ele fez amizade com a filha de um médico em cuja casa se hospedara. Como na opereta O país dos sorrisos, de Lehar, trocaram presentes e

resolveram casar-se contra a vontade das respectivas famílias, que temiam as diferenças culturais. Nesse caso, porém, o final foi feliz. No retorno, de posse de cuidadosas e detalhadas anotações, junto com sua esposa escocesa que o ajudava como professora de inglês, ele colaborou com o aperfeiçoamento da destilaria Yamazaki, de Osaka, com a implantação da Miyagikyo, em Sendai, e com a descoberta da ilha de Hokkaido como fonte de água pura, turfa e cevada, fundando ali, em 1934, a destilaria Yoichi.

A atenção do mundo para com o whisky do Japão teve início com um exemplar da Yoichi, premiado de forma inesperada em concurso internacional em que enfrentou concorrentes de peso.

O conhecimento e a experiência escocesa foram assimilados por especialistas japoneses – como, de resto, aconteceu em muitos outros campos – em viagens à Escócia, inclusive para adquirir destilarias no local. Foi o caso dos representantes da Nikka Distillers of Japan, que compraram do grupo Whitbread a destilaria Ben Nevis, em Fort William.

Em 1952, a Nikka Distillers, criada por Masataka Taketsuro, implantou no Japão a cadeia Tory's de bares e, através dela, divulgou com sucesso seus destilados junto ao público japonês, tradicional consumidor de saquê.

Destilaria Nikka

Grande avanço se deu em 1963, com a constituição da Suntory pelo empresário Shinjiru Torii, que construiria dez anos mais tarde, no centro do Japão, a Hakushu, a maior destilaria de malte do mundo nos anos 1980.

Na segunda metade dos anos 1990, entretanto, o encolhimento do mercado e a queda nas vendas resultaram no fechamento de várias destilarias japonesas, enquanto outras procuravam novas modalidades de venda para seus estoques.

DESTILARIAS JAPONESAS – O Japão conta com sete destilarias de whisky:

1 - Yoichi, da Nikka, em Sapporo, Ilha de Hokkaido.

Fundada por Taketsuro em 1934, tem o aspecto das destilarias escocesas, inclusive na paisagem em torno. Usa cevada maltada e destila em alambique.
Oferece três versões do "Yoichi Whisky", de 10, 12 e 15 anos, as três com 45% ABV.

2 - Noheji, em Aomori, no extremo norte de Honshu.

3 – Sendai, marca Miyagikyo, da empresa Nikka.

A destilaria localiza-se nas montanhas próximas a Sendai, a leste de Honshu, região de tremores de terra e terremotos. Assim, os barris de amadurecimento são empilhados no máximo em duas camadas. Com uma abordagem escocesa parecida com a da Yoichi na produção de Malt Whisky, a Sendai conta com oito alambiques trabalhando aos pares e seus produtos levam a marca Miyagikyo ("o vale de Miyagi").
Apresenta-se em três versões "Single Malt Miyagikyo", de 10, 12 e 15 anos, todas com 45% ABV.

4 - Karuizawa, do grupo Kirin, próxima da cidade de Nagano, no centro de Honshu.

Agora pertencente ao grupo Kirin, esteve desativada por vários anos, havendo possibilidade de sua reativação em breve.
Antes de 2007, comercializava o peso pesado "Karuizawa 17 year--old – 40% ABV", de cor fechada, em uma linda garrafa baixa de seção quadrada, com tampa esférica de vidro, que lembrava um frasco de perfume.

5- Hakushu, da Suntory, em Yamanashi.

Localizada a poucas horas de Tóquio, por trem, a destilaria de Hakushu é envolta por florestas fechadas, boa parte formando uma reserva natural do país. Utiliza cevada importada em seus Single Malts, base dos Blends da Suntory. Nos anos 1980, era a maior destilaria do mundo.

Produtos de frente: "The Hakushu Single Malt Whisky" nas versões 12 anos (rótulo branco) e 18 anos (rótulo creme).

6 - Gotemba, da Kirin, na costa leste perto de Shizuoka.

Utilizando o milho como matéria-prima na destilaria de Shizuoka, poucos quilômetros ao sul de Tóquio, a Gotemba, pertencente a empresários japoneses – grupo Kirin –, distingue-se por seu "Fuji-Gotemba Single Single Grain 15 year-old, 43% ABV", incluído entre os melhores Single Grains da Terra do Sol Nascente.

7 - Yamazaki, da Suntory, em Osaka.

Entusiasmado ao conferir a afluência de vários rios à localidade de Yamazaki, o empresário Shinjiro Torii, fundador da Suntory, ampliou e organizou as antigas instalações preexistentes no local e deu início, em 1958, a uma destilaria. Trinta anos mais tarde, ela passou por nova ampliação, até que sobreveio a crise no mercado de destilados e ela passou a funcionar abaixo da capacidade e a importar cevada da Escócia e da Austrália.

Finalmente, uma terceira reforma, com sua modernização, aconteceu em 2005, colocando a Yamazaki e a Suntory na vanguarda da produção de whisky no Japão.

O "The Yamazaki Single Malt Whisky – 43% ABV" apresenta-se nas versões 12 anos, mais claro, de rótulo creme, e 18 anos, mais escuro, de rótulo preto.

Décimo Capítulo

EM OUTROS PAÍSES

Muitos países e regiões da Europa, da Ásia e da Oceania elaboram whisky utilizando cereais e métodos os mais diferentes.

1 – DA EUROPA

Na Europa continental e na Inglaterra, o número de destilarias de whisky é grande e crescente. Sua presença abrange países de norte a sul – desde a Suécia (destilaria Mackmyra, do grupo Dardanell) até a Espanha (DYC - Distilarias y Crianza) –, e de leste a oeste – da Teerenpeli, na Finlândia, à francesa Warenghem, antiga produtora de cidra e agora destiladora de whisky.

ALEMANHA – A destilação de whisky na Alemanha é fato relativamente recente, de 1960 para cá, e com desenvolvimento a partir de 1984. O estilo é variado, lembrando ora o Irish, ora o Scotch ou o Bourbon. A palavra é grafada também de formas diversas, como whisky ou whiskey ou whessky, neste último caso um trocadilho com o nome do estado produtor, o Hesse.

São dez as destilarias de whisky em operação na Alemanha unificada: entre elas, Blaue Maus, Erich Siegel, Gruel, Lantenhammer, Möblein, Sonnenschein, Volker Theurer e Zaiser.

Um exemplar de whisky alemão: **Höhler Whessky Scottish Style**, de Aarbergen.

FRANÇA – Inspirando-se na Escócia, a maioria dos whiskies franceses é elaborada a partir da cevada maltada. As destilarias Glannar Mor e Warenghem, da Bretanha, elaboram dessa forma.

A Córsega também contribui com duas marcas:

– Altore, destilado na Escócia, mas "blendado" e envelhecido na ilha;

– P&M, *joint venture* da cervejaria Pietra com a destilaria Mavella, a partir de um mosto enriquecido com farinha de nozes.
Ambos são envelhecidos em barris de Moscatel, muito comuns no sul da França (Muscat de Rivesaltes, no Roussillon; Muscat de Frontignan, de Lunel, de Mireval, no Languedoc).

Uma grande novidade na França surgiu em 2002, quando a destilaria Menhirs, da localidade de Plomelin, no Finistère, lançou a marca EDDU, de whisky feito à base de trigo mourisco (trigo negro ou blé noir), dando à luz um novo estilo, tipicamente francês, para ser colocado ao lado do Scotch, do Pure Pot, do Bourbon e do Rye.
Originário do Oriente, o trigo mourisco ou sarraceno é planta da família das poligonáceas, diferentemente da cevada e do centeio, que são gramináceas.
O EDDU, elaborado a partir do malte de trigo mourisco, passa por destilação dupla em um alambique pequeno, envelhece em barricas de cognac, de carvalho do Limousin.
O primeiro exemplar foi o "Eddu Silver Single Cask Pur Blé Noir", 45% ABV.

Entre as destilarias francesas: Warenghem (em Lannion), Claeyssens, Menhirs (em Plomelin), Guillon. Destaque-se também como um exemplar de whisky francês o **Guillon Single Malt no. 1**, de Louvois.

INGLATERRA – Na Inglaterra, o whisky Manx Spirit é adquirido fora, redestilado e envelhecido na Isle of Man. Enquanto isso, a nova destilaria de St. Georges foi posta em marcha em 2006.

OUTROS – Fazem parte da lista adicional de países europeus produtores de whisky:
Áustria (Reisetbauer, Roggenhoff, Siggi Herzog, Weidenauer, Wolfram Ortner), Bélgica,
Espanha (DYC), Finlândia (Teerenpeli), Holanda, Letônia, República Checa, Suécia (Mackmyram) e Suíça (Hof Holle, Brennereizentrum).

Entre os exemplares, citemos:

Da Áustria: **Wolfram Ortner Nockland Whisky 48% ABV**, de Kleinkirchheim.

Da Bélgica: **The Owl Belgian Single Malt**, de Grâce-Hollogne.

Da Espanha: **Molino del Arco DYC 8,** de Segóvia.

Da Holanda: **Us Heit Frysk Hinder 43% ABV**, de Friesland.

Da Letônia: **Latvijas Balzams Alexanders Rye Whisky**, de Riga.

Da República Tcheca: **Jelinek Gold Cock Red Feathers 3 years**, de Vizovice.

Da Suécia: **Mackmyram Preludium 05 - 48,4% ABV**, de Valbo.

Da Suíça: **Hof Holle Single Malt Whisky 42% ABV,** de Lauwill.

2 – DA ÁSIA

Os países asiáticos, fora o Japão, produtores de whisky são a Índia, o Paquistão e, mais recentemente, Nepal e Taiwan.

Como vimos, os japoneses tendem a repetir as características de produção e atributos do Scotch.

Já na Índia e no Paquistão, o conceito às vezes é outro, na medida em que às vezes não há a maturação devido ao clima desfavorável e que alguns produtos rotulados "whisky" são, na realidade, destilados de melaço com adição de produtos para imitar o whisky europeu.

No Paquistão, de maioria muçulmana, a produção destina-se a estrangeiros e a paquistaneses que professam outras religiões.

NA ÍNDIA – São poucos os whiskies de puro malte e a maioria não é destilada em alambique, mas sim em destiladores contínuos. São seis destilarias no total, das quais duas no norte (Kasauli e Solan, do grupo Mohan Meakin), duas em torno de Nova Déli (Radico Khaitan e Jagatjit Nagar) e duas no sul, próximas a Bangalore (MacDowell e Amrut).

A Mohan Meakin, de Kasauli, tem a mais antiga destilaria da Ásia e apresenta-se com seu Blended **Kasauli Solan no. 1**.

A maior destilaria indiana de whisky maltado é a Jagatjit Nagar, em Nova Déli, construída na época da Segunda Guerra Mundial, e que leva o prenome de seu patrocinador, o marajá Jagatjit Singh. Seu Malt whisky é rotulado **"Jagatjit Aristocrat Premium"**.
A Radico Khaitan, da cidade de Rampur a leste de Déli, foi criada em 1943 com o nome de Rampur Distillery. Reestruturada em 1999, oficializou o nome atual e a marca "8 PM" constante do "Radico Khaitan 8PM Royale Whisky".
Em Bangalore, no centro-sul da Índia, encontram-se a Amrut Distilleries e a destilaria MacDowell's enfrentando as condições geoclimáticas tropicais que levam a forte perda por evaporação durante o envelhecimento em barris.
Ambas elaboram malt whisky como o Amrut Single Malt 40% ABV e o MacDowell's Single Malt 42,8% ABV.

NO PAQUISTÃO – A destilaria Murree foi construída, em 1899, na localidade histórica de Rawalpindi, um arrabalde de Islamabad com disponibilidade de água pura, ao lado da antiga cervejaria da Murree Brewery Co. Ltd.

Sendo o Paquistão um país muçulmano, a presença de uma destilaria de whisky é sempre problemática e a morte do primeiro-ministro Butho, em 1979, tem algo a ver com isso.
Zulfikar Ali Bhutto, primeiro-ministro do Paquistão de 1973 a 1977, morava em uma casa pertencente à destilaria Murree. O funcionamente da fábrica não contava com a aprovação do general- presidente Muhammad Zia- ul-Haq e essa questão tornou-se crucial quando Ali Butho confessou publicamente que, quando jovem, ingerira bebida alcoólica. Quando dos movimentos rebeldes de 1977, o general, incitado pelo ministro para Assuntos Religiosos, destituiu o primeiro-ministro.
Ali Butho foi julgado e condenado à morte por um suposto assassinato. Morreu em abril de 1979 na forca erguida a alguns metros da destilaria, em um parque hoje mantido em sua homenagem.
Vinte anos depois, sua filha Benazir era eleita primeira-ministra do Paquistão.

Nos anos 1990, a capacidade produtiva foi ampliada com a instalação de destiladores contínuos de coluna.

O rótulo do **"Murree's Malt Whisky Classic 43% ABV"** informa que foi destilado de cevada malteada em tradicionais alambiques escoceses e maturado por mais de oito anos em barris de carvalho selecionado.

Além dele, os destilados da série Premium incluem o **"Murree's Millennium Reserve Single Malt"** em versões de 8, 12 e 21 anos.

NO NEPAL – Nesse país vizinho da Índia, uma menção apenas à relativamente recente Shree Distillery, de Katmandu, detentora da marca Mount Everest, com assistência técnica da escocesa Morrison Bowmore.

EM TAIWAN –- A King Car Food, empresa do ramo de alimentos de Taiwan, contratou com uma firma escocesa especializada a construção e instalação de uma moderna destilaria no noroeste da Ilha de Formosa. Em operação desde 2008, ela tem capacidade para destilar um milhão de litros por ano. Toda automatizada, a fábrica da República da China adota evidentemente o estilo escocês e tem sua atividade produtiva e seus produtos telemonitorados da Escócia.

3 – DA OCEANIA

A Austrália e a Nova Zelândia têm uma tradição centenária no uso de cereais para fabricação de bebidas destiladas. Foi somente a partir de 1980, entretanto, que esses países entraram de forma consistente para o mundo do whisky, com a modernização ou as sucessivas implantações de dez destilarias num período de vinte anos.

Destaque-se o papel da Tasmânia nesse contexto: a cevada adequada do tipo Franklin, a disponibilidade de água pura e de amplos jazimentos de turfa fazem da ilha, naturalmente, um local ideal para a elaboração de whisky, concentrando-se ali cinco das dez destilarias da Oceania.

NA AUSTRÁLIA – Por volta de 1985, os irmãos Lark, empresários australianos do ramo de bebidas, encontraram razões suficientes na Tasmânia, a ilha ao sul da Austrália, para investir em uma destilaria e elaborar um Single Malt de qualidade a partir da cevada local tipo Franklin, adequada para climas de temperado para frio, da água pura da região montanhosa e da turfa que passaram a utilizar para defumar uma parte da cevada maltada.

Com o sucesso da Lark Distillery, em Hobart, a partir de 1989, outras quatro produtoras estabeleceram-se na Ilha da Tasmânia: (1) a Hellyers Road (subsidiária da cooperativa Betta Milk) e (2) a Small Concern, agora desativada, no extremo norte, (3) a Nant, em Bothwell, no centro, e (4) a Tasmania Distillery, vizinha da Lark, em Cambridge.

Enquanto isso, duas outras destilarias consolidavam sua posição no sul do continente australiano: (1) a Bakery Hill, de David Baker, em Victoria e (2) a Smith's, da empresa familiar Samuel Smith & Sons, em South Austrália.

Depois delas, também a Austrália Ocidental ganhou sua destilaria nas proximidades do porto de Albany, posta em marcha em 2008 com o nome de Great Southern.

Entre os exemplares da Tasmânia, incluem-se:

Cradle Mountain Single Malt 43% ABV, da Small Concern, em Ulverstone.

Lark's Single Malt Whisky 43% ABV, da Lark Distillery, em Hobart.

Original Pure Australian Malt 46,2% ABV, da Helliers Road, em Burnie.

Sullivan's Cove Single Barrel Cask Strenght, da Tasmania Distillery, em Cambridge.

E do continente australiano:
Classic Single Malt 46% ABV, da Bakery Hill, em Melbourne.
Smith's Angaston 7 year-old Whisky, da Smith's, em Angaston.

NA NOVA ZELÂNDIA – Em 1974, era implantada a primeira fábrica legal de whisky da Nova Zelândia, a Wilson Distillery, em Dunedin, no extremo sul da Ilha Sul, o que fazia dela a mais meridional de todas as destilarias do mundo.

Tendo uma colônia de expatriados escoceses, Dunedin é uma cidade de estilo escocês cujo nome resultaria da junção de Dundee com Edimburgo.
Ao ser adquirida pela Seagram's, a fábrica foi aos poucos sendo desativada até a paralisação total em 2002. Muitas caixas de seus destilados das marcas Lammerlaw e Milford estiveram disponíveis no mercado por vários anos, depois disso.

Assim sendo, a sobrevivência do whisky neozelandês ficou nas mãos da The Southern Distilling Company, na localidade de Timaro, também na Ilha Sul.
Seus produtos levam as marcas **The Coaster**, para o Single Malt, e **The Mackenzie**, para o Blend.

Décimo Primeiro Capítulo

O WHISKY[1] NO BRASIL

O Brasil tem maior importância como consumidor do que como produtor de whisky.
Os brasileiros passaram a conhecer mais amplamente o whisky a partir de 1950, como resultado da época áurea do produto nos Estados Unidos, sempre influente nos gostos e nas preferências.
Alguns empresários tentaram, então, desenvolver a atividade de importação e distribuição do Scotch no país. Os resultados, porém, foram pífios, em função das diferenças de renda entre pessoas e regiões, por questões culturais e pela política de desestímulo a importações dos anos 1960.
A liberalização do mercado brasileiro em 1990 resultou em importantes mudanças na comercialização e no consumo de whisky no Brasil.

CONSUMO – Até a última década do século XX, a demanda brasileira de bebidas destiladas era focada em bares e restaurantes. Com o amadurecimento do país como mercado consumidor de bebidas, a partir dos anos 1990, as marcas passaram a voltar-se para o chamado *off trade*, isto é, lojas e supermercados.
Realmente, o consumo em casa, a partir da aquisição em redes especializadas, em cadeias de supermercados e pela Internet, passou a ser uma tendência que veio para ficar, ao que tudo indica.
Não é suficientemente divulgada a importância do Brasil no campo do consumo de whisky. Algumas informações, entretanto, como as indicadas a seguir, podem revelar a realidade.
A primeira deles, é claro, é a presença do whisky na região Nordeste do país: o maior consumo *per capita* de whisky em todo o

---

[1] Apesar de a palavra ter sido aportuguesada no Brasil como "uísque", vamos conservar o uso em inglês, como tradicional nos rótulos inclusive do produto brasileiro.

mundo verifica-se no Recife, a capital de Pernambuco, conforme afirmação da *The Whisky Magazine*, respeitável e insuspeitada publicação inglesa.

Mais conhecida por suas pontes, pelo carnaval de multidões e pelas praias intermináveis, a Veneza brasileira destaca-se também no consumo de destilados, como whisky e rum.

Basta lembrar que o Brasil é o país que mais consome o whisky Johnnie Walker Red Label no mundo, com Recife respondendo por 40% do volume.

A multinacional Diageo, distribuidora do produto, executa ações especiais de comercialização no nordeste brasileiro.

A particularidade local está no costume de beber whisky com água de coco ou on the rocks, com gelo de água de coco.

A segunda evidência é o forte incremento do consumo de destilados com o aumento da renda do brasileiro médio. Só da Escócia vieram quarenta milhões de garrafas de whisky para o país em 2009, um crescimento de mais de 50% em relação ao ano anterior; isso talvez tenha sido um exagero, pela crise financeira internacional de 2008.

De qualquer forma, essa expansão representou quinze milhões de garrafas a mais em circulação no Brasil, consolidando seu mercado como o segundo maior da América Latina (depois da Venezuela) e o sétimo maior importador de Scotch no mundo, equivalendo a 4% da demanda internacional.

Um terceiro fato é a consolidação e ampliação da posição comercial, no Brasil, de grupos internacionais – Pernod Ricard, Diageo, Edrington... – que comercializam whisky, na esteira da expansão do PIB dos Brics (Brasil, Índia, China).

A francesa Pernod Ricard já tem uma presença forte na distribuição de marcas brasileiras. É também o caso da italiana Campari, com seu Old Eight.

E o mesmo pode-se dizer, mais recentemente, do grupo Edrington, a maior empresa privada escocesa no segmento do Scotch, com nomes como The Famous Grouse (a marca mais vendida na

Escócia e quinta no mundo) e Cutty Sark (cujo rótulo amarelo aparecia nos armários dos filmes de James Bond) entre os Blended. The Macallan e Highland Park contam-se entre os seus Single Malt. Sua penetração no Brasil era tímida, mas o conhecimento do potencial a levou a objetivos de crescimento audaciosos no país.

Antes de adquirir a marca Cutty Sark, o grupo Edrington detinha 9% do mercado mundial de Scotch, equivalente a 85 milhões de garrafas por ano. A participação do Brasil nas vendas do grupo era muito limitada, não mais que 3%, inclusive porque a demanda brasileira por Single Malt é minúscula. Foi estabelecido então um programa para se chegar aos 10% em uma década.

Como The Macallan e Highland Park, principais Single Malts do grupo, não deverão ter participação significativa nessa expansão, a aposta está basicamente no The Famous Grouse Blended, carro-chefe da empresa e marca relativamente nova no mercado brasileiro, no Cutty Sark e em marcas populares.

Apontemos adicionalmente uma curiosidade: a mais importante coleção de Scotch Whisky do mundo, com 3.384 garrafas, foi acumulada no Brasil, ao longo de 35 anos, pelo brasileiro Claive Vidiz, em São Paulo, que vendeu sua coleção para o braço escocês da Diageo, líder mundial no setor de bebidas. A coleção do brasileiro foi repassada pela Diageo para a entidade escocesa Scotch Whisky Experience, que faz programas sobre a tradição do whisky escocês, está abrigada em uma adega especial em Edimburgo e inclui entre suas incríveis raridades uma das 69 garrafas de Single Malt Strathmill produzidas para celebrar os 100 anos da destilaria no Speyside.

OS WHISKIES BRASILEIROS – O Scotch responde por quase 60% do mercado consumidor brasileiro de whisky, competindo com algumas marcas internacionais (Jack Daniels e Canadian Club, por exemplo) e com inúmeras marcas brasileiras, a seguir discriminadas. Os dados e descrições são das empresas distribuidoras.

No Brasil, admite-se legalmente para o whisky teores de álcool entre 38 e 54% em volume (ABV).

a) Fornecidos pela Pernod Ricard:

Black Jack 39% ABV – Blend de maltes nacionais selecionados e malte importado de uma das mais conceituadas destilarias escocesas. Fina e agradável sensação de suavidade, devido ao cuidadoso envelhecimento em barris de carvalho, importados e selecionados.

Blenders Pride 39% ABV – De luxo, sabor suave, combinação de maltes escoceses e destilados nacionais envelhecidos. A qualidade das matérias-primas e a elaboração artesanal proporcionam consistência de sabor e suave *bouquet*, paladar encorpado e amadurecido.

Long John 40% ABV – Apreciado em mais de 100 países, Blend suave, resulta da combinação de 100% Malt e Grain Whiskies importados da Escócia.

Natu Nobilis 39% ABV – Maltes importados envelhecidos na origem mais os maltes nacionais da melhor qualidade inspiram o nome Natu Nobilis: "berço nobre" em latim.

Natu Nobilis Celebrity 12 Anos 39% ABV – Maltes escoceses especiais envelhecidos 12 anos. Seus maltes importados envelhecidos na origem mais os maltes nacionais da melhor qualidade inspiram o nome Natu Nobilis: como vimos, "berço nobre" em latim.

Passport 40% ABV – É produzido e envelhecido no Escócia e engarrafado no Brasil. Bebida jovem, com a mesma qualidade e sabor que se espera de um autêntico whisky escocês.

Teacher's Highland Cream 40% ABV – Tem proporção alta de Malt Whisky, personalidade e sabor exclusivo, 170 anos de tradição e é reconhecido mundialmente por sua qualidade e sabor. Puro ou com gelo, impressiona por ser extraordinariamente encorpado.

Teacher's Licorera 40% ABV – Edição especial e limitada do Teacher's Highland Cream, com proporção excepcionalmente alta de Malt Whisky, personalidade e sabor exclusivo.

Teachers Petaca 40% ABV – O mesmo Teacher's Highland Cream em frasco de 250 ml.

b) Fornecidos pela Vinícola Cordelier:

Barrilete Blended 39% ABV – Elaborado com 100% de maltes especiais e outros destilados responsáveis por sua qualidade. Produzido a partir da seleção de maltes envelhecidos por longos anos em barris de carvalho. Sua composição apresenta maior concentração de malte, mantendo seu aroma e sabor encorpado com as mesmas características, mesmo quando misturado com gelo.

Old Master Blended 38% ABV – Blended de destilados alcoólicos com Malt Whisky e outros destilados envelhecidos em barris de carvalho. Bebida nobre e especial, difere das tradicionais por ser mais suave e macia.

O Monge 38,5% ABV – Blend de maltes especiais e destilados nacionais envelhecidos em barris de carvalho importados. Aroma persistente, paladar suave. Combina, em sua elaboração, a nobreza da turfa com a delicadeza do carvalho; bebida de sabor característico e de raro prazer.

c) Fornecidos pela Ktiva:

Blue Macaw 40% ABV – Produzido com malte escocês e Malte Whisky nacional, a partir de cevada malteada e turfada, oriundas de campos do Reino Unido e do Brasil.
A imagem do whisky The Blue Macaw foi estrategicamente concebida para representar o Brasil através de um ícone da nossa natureza, a arara azul.

Horses Neck – Elaborado com malte escocês selecionado, envelhecido na origem, e destilados nacionais especiais. Composição: Malt Whisky importado da Escócia, envelhecido em barris de carvalho na origem, combinado com Malt Whisky e destilados nacionais.

c) Fornecidos pelo Grupo Campari:

Drury's 39% ABV – Elaborado com Malt Whiskies envelhecidos na origem e destilados nacionais especiais.

Old Eigth 39% ABV – Blended Whisky, elaborado com maltes escoceses selecionados, envelhecidos na Escócia e destilados nacionais especiais.

Com sede em Sesto San Giovani, Milão, Itália, o Grupo Campari desenvolveu-se continuamente desde sua fundação, em 1860, e ocupa atualmente o sexto lugar entre as empresas internacionais no campo das bebidas. Seu portfólio inclui quarenta marcas diferentes de destilados, vinhos e soft drinks, com 13 fábricas em diversos países, das quais duas no Brasil. Conta com uma rede de distribuição que inclui 180 países, o Brasil inclusive. Fatura um bilhão de Euros por ano e emprega 2000 pessoas. Suas marcas brasileiras de whisky são Old Eight e Drury's.

---

d) Fornecidos pela distribuidora Fante:

Black Stone 38% ABV – À base de Malt Whisky envelhecido, infusão de carvalho e destilado de cana-de-açúcar, é aperitivo de características especiais, com excelente padrão de qualidade. Sabor de *western*, lembra a conquista do oeste americano, caracterizando-se como bebida típica de homens.

Cockland Gold 38,1% ABV – É produzido na Serra Gaúcha.. Elaborado com malte envelhecido, guardado em barris de carvalho para maturação, é bebido *on the rocks* ou puro. Malte de cevada, processo em seis estágios: maltagem, mistura, fermentação, destilação, maturação e corte (Blend).

e) Fornecidos por distribuidores diversos:

Bell's 40% ABV – Uma das marcas mais antigas e tradicionais, leva o nome do fundador, Arthur Bell. Sabor inigualável e composição perfeita, à base de whisky de malte e grãos, este whisky tornou-se uma paixão no Reino Unido e não demorou a conquistar admiradores no mundo inteiro. Presente no Brasil há mais de 30 anos. Engarrafado no Brasil.
Fornecedor: Diageo

Chanceler 39% ABV – Corte de Malte Whisky envelhecido, extrato de carvalho e destilado de cana. Sabor e aroma de um delicado whisky.
Fornecedor: Cereser

Davy's 39% ABV – Blended nacional.
Fornecedor: Asteca

Gran Par Blend 39% ABV –. Destilado alcoólico simples de malte envelhecido e destilado alcoólico simples de cereal envelhecido. Engarrafado no Brasil.
Fornecedor: Missiato

Mark One 40% ABV – Blended Whisky, *top* entre os Premium nacionais, destilado de cereais, malte e açúcar. Envelhecido em barris de carvalho, produzido com puro malte escocês e destilados nacionais de origem nobre.
Fornecedor: Stock

Tillers 39 % ABV – Elaborado com maltes escoceses especiais envelhecidos na origem e destilados nacionais.
Fornecedor: Bacardi-Martini

A EXPERIÊNCIA PIONEIRA DA TEACHER'S – Nos anos 1960, alguns empresários interessados no whisky escocês previam que, apesar das dificuldades momentâneas, esse destilado teria futuro no mercado brasileiro de bebidas se a sua importação e a distribuição pudessem ser simplificadas. Surgiu, dessa forma, a ideia de um acordo para engarrafar Scotch no Brasil.

A atividade veio a merecer estudoe aceitação por parte da William Teacher & Sons, de Glasgow, Escócia.

Em 1970, seria criada a William Teacher & Sons do Brasil Limitada, com sede administrativa no Rio de Janeiro e instalações de tratamento e engarrafamento em Friburgo (RJ), tendo como sócios a holding suíça da Teachers, majoritária, a firma ítalo-brasileira Latínia, do ramo de bebidas, os irmãos Paulo e Artur Rabinowitz, importadores, e a suíça Lamet, fornecedora de malte.

Obtido um tratamento fiscal diferenciado e vencida certa resistência da majoritária, teve início a operação de engarrafamento em Friburgo do whisky Teacher's Highland Cream, sob a supervisão direta da Teacher's Bottling Hall, a unidade de engarrafamento de Glasgow.

A experiência enfrentou dificuldades. Dois anos depois, o controle acionário mudou de mãos e a subsidiária brasileira foi adquirida pela Allied Lyons, mais tarde redenominada Hiram Walker do Brasil Ltda. Atualmente, a marca pertence à multinacional francesa Pernod Ricard, que se encarrega de sua distribuição a nível nacional e internacional.

O Teacher's, de grande aceitação no Brasil, não é o único Scotch engarrafado no país, mas foi, durante anos, o único a ter supervisão direta de uma empresa escocesa.

ASSOCIAÇÕES E SOCIEDADES DE WHISKY – Como forma de divulgar o whisky ou de se iniciar no mesmo, existem no Brasil associações e sociedades dedicadas a esta bebida, seja sem fins lucrativos, como a SBW, seja como forma comercial de divulgação, como são, por exemplo, os eventos da Johny Walker (Diageo).

A **Sociedade Brasileira do Whisky (SBW)**, do Rio de Janeiro, é uma entidade sem fins lucrativos, idealizada pelo arquiteto Heitor Vignoli, já falecido, e fundada por ele, em 1988, com um grupo de amigos, objetivando:

– aperfeiçoar os conhecimentos sobre a bebida;
– promover a divulgação das qualidades do produto;
– realizar atividades socioculturais de caráter associativo;

– demonstrar as vantagens da moderação como forma de melhor apreciar o nobre destilado de cereais.

Em 1992, Vignoli foi agraciado, em solenidade no Blair Castle, na Escócia, com a comenda "Keeper of the Quaich", conferida a destacadas personalidades de notório saber sobre o whisky escocês.
Por intermédio da SBW, são lançados novos produtos a serem comercializados no Brasil. A apresentação dos produtos é feita em reunião plenária com os associados e convidados e patrocinada pela representante da destilaria no país. Entre as reuniões convocadas para essa finalidade, destacam-se a do lançamento do Blended whisky Ballantine's Gold Seal, 12 years old, seguido do Ballantine's 18 years. Anos depois, para a mesma destilaria, foi feita a apresentação, no Jockey Club, da nova linha de produtos e o lançamento do Ballantine's 30 years old.
A sociedade, com sede no bairro do Flamengo, no Rio de Janeiro, promove também o curso "Bebendo e Aprendendo com a SBW". Trata-se de aulas sobre o Scotch Whisky abordando as diversas regiões da Escócia e seu preparo desde a maltagem da cevada, passando pela fermentação e destilação. Destaca a importância da turfa na formação do aroma defumado de Malts e Blends, a água, os cereais, os alambiques, os barris, o processo de envelhecimento até o engarrafamento, além, é claro, da história, de lendas e peculiaridades da bebida. A Sociedade conta com uma seção em Fortaleza, Ceará, com a sigla SBW-CE.

A **Associação Brasileira dos Colecionadores de Whisky (ABCW)**, de São Paulo, teve início em 1989, por inicativa de um grupo de entusiastas de Scotch Whisky liderados pelo colecionador Claive Vidiz, também agraciado na Escócia com o título de "Keeper of the Quaich" em 1991.
Trata-se de entidade privada, sem fins lucrativos, que tem por objetivos estatutários a divulgação da cultura do whisky escocês, assim como congregar, reunir estudiosos e apreciadores de Scotch Whisky, divulgando-o culturalmente através de palestras, cursos e um boletim mensal. Procura também proporcionar um inter-

câmbio entre os amadores que se dedicam a colecionar o maior número possível de marcas de Scotch Whisky.

A ABCW conta com associados de vários pontos do Brasil e de outros países e goza de prestigio entre as destilarias escocesas e junto à Scotch Whisky Association. Seu programa societário inclui a promoção de viagens à Escócia.

Além dessas atividades, a ABCW mantém uma biblioteca especializada, com dezenas de livros, vídeos e slides, responsabilizou-se pelas comemorações dos 500 anos do Scotch no Brasil e realiza palestras sobre o Scotch Whisky no Brasil, Uruguai, Paraguai e República Dominicana.

TERCEIRA PARTE

COMO SE APRECIA O WHISKY

Como você bem sabe, cara leitora, prezado leitor, beber é simplesmente ingerir um líquido, sem prestar muita atenção a ele. É o que se faz com água fresca para matar a sede. Não há por que ocupar seus sentidos com algo insípido, inodoro e incolor.
Já uma garrafa de whisky encerra uma bebida que tem cor, cheiro e gosto. Se quisermos, podemos dar uma chance à visão, ao olfato, ao paladar e ao tato através dos reveladores de sensações – olhos, nariz, língua e sensores táteis na boca – para analisar, avaliar e descrever os atributos da bebida, usufruir de suas virtudes e afastar-se de seus vícios. Nesse caso, mais do que bebendo, estamos degustando.
A degustação das bebidas alcoólicas pode nos proporcionar prazer em três níveis.
Inicialmente, o prazer sensorial, uma reação primária natural que une uma necessidade – a de beber – a uma excitação proporcionada pela beleza da cor, pela agradabilidade dos aromas, riqueza do gosto e por uma sensação geral de bem-estar. A prática da degustação, que se opõe à de beber, ensina o consumidor a dar preferência à qualidade, em lugar da quantidade.
Em seguida, o prazer da análise. Ele se sobrepõe ao sensorial, de acordo com a memória e a educação cultural do provador ao identificar aromas arquivados em sua memória em experiências passadas, ao encontrar um gosto escondido em meio a outros, ao reconhecer um estilo de Malt Whisky ou até mesmo uma marca, passando da esfera sensorial para a espiritual.

Finalmente, o prazer da expressão. Os comentários sobre o whisky que você acabou de provar atentamente proporcionam uma conotação cultural à bebida que, no início, era um simples destilado de cereais. Exprimir apropriadamente em palavras as sensações percebidas representa uma experiência intelectual que faz de cada copo uma festa.

As páginas a seguir procuram evidenciar tais conceitos.

Décimo Segundo Capítulo

A DEGUSTAÇÃO

Sendo uma bebida versátil, o whisky pode ser apreciado de formas diversas. Se você vai provar um Single Malt, encorpado e de sabor marcante, sugere-se que o faça em um copo de haste parecido com o de vinho.
Como o sabor é uma combinação de odor e paladar, um copo com a boca estreitada em relação ao corpo tem suas vantagens, pela acumulação de aromas. Pode-se dizer o mesmo em relação à adição de certa quantidade de água mineral sem gás, para acentuar os aromas e evitar o "pico alcoólico" (um efeito irritante na parte posterior do nariz, quando se cheiram líquidos alcoólicos).

Para reconhecer os aromas, segura-se o copo pela haste com uma das mãos e tampa-se a boca do copo com a outra por alguns segundos. Os aromas desprendidos acumulam-se e libertam-se expressivamente quando se destampa o copo.
Blended Malts menos intensos mas com um leque aromático mais rico, por ser resultante da mistura de vários Single Malts, podem ser provados em um copo baixo com uma pedra de gelo para liberar aromas e diluir um pouco o álcool. Blended Whiskies nos dão uma sensação alcoólica menos acentuada e o sabor mais para o doce, lembrando mel e caramelo.
Se você quer reconhecer o gosto de um whisky em particular, uma

sugestão útil é vertê-lo numa taça parecida com a de conhaque, tendo ao lado um copo de água bem gelada. Primeiro, beba a água, gelando a boca; depois, o uísque puro, o que provocará uma sensação térmica diferente. Contornado o calor do álcool dessa forma, você sentirá apenas o sabor e terá condições de descrevê-lo.
Uma alternativa gastronômica é gelar a bebida no *freezer*, servindo-a como um licor para finalizar uma refeição – por exemplo, com uma sobremesa de chocolate amargo. E nada há de errado em beber whisky em copos grandes com gelo partido como um drinque refrescante.
Tudo isso não quer dizer, porém, que inexistam diretrizes para os que querem tirar o máximo prazer da bebida e saber descrevê-la de forma apropriada. Vejamos quais são.

O MECANISMO DA DEGUSTAÇÃO – Toda degustação tem por princípio um mecanismo relativamente simples: os olhos, o nariz e a boca, nossos instrumentos de percepção, captam sensações – cor, aroma, sabor – e as conduzem ao cérebro, que se encarrega de analisá-las, compará-las com dados da memória e reconhecê-las.
Isso feito, segue-se a expressão, por palavras, das sensações percebidas, utilizando-se um vocabulário apropriado, adquirido pelo aprendizado e pela experiência.
Façamos uma digressão a propósito do esnobismo: assim como nos defrontamos diariamente com pessoas de vários tipos e de personalidades variadas, também encontramos grande variedade de whiskies, de tipos, estilos e origens diferentes.
A maneira pela qual as pessoas provam diversos whyskies é algo de caráter muito pessoal. Mas tendo sido colocado à disposição de todos para que seja desfrutado, o whisky não tem, na sua essência, a condição de esnobismo que às vezes lhe é atribuída.

SEQUÊNCIA – A sequência lógica é começar pelo aspecto visual (cor, tonalidade, brilho...), continuar com a análise olfativa (aromas, agradabilidade, intensidade...) e terminar pela parte gustativa (o gosto da bebida na boca e as sensações finais).

Um litro de whisky com 40% de álcool contém 59,7 % de água.
Os elementos do aspecto (cor), do odor (aromas) e do paladar (gosto) do whisky fazem parte de uma fração mínima da bebida: não mais que 3 ml do conteúdo de um litro, ou seja, 0,3% em volume.
Apesar disso, análises de caráter científico em laboratório permitiram identificar cerca de trezentas substâncias aromáticas no whisky e os pesquisadores acreditam que há outras tantas por identificar. Tudo proveniente de 3 ml em um litro!
A maior parte da composição do whisky em volume é dada pela água, incolor, inodora, insípida, porém indispensável, e pelo álcoo etílico, também incolor mas poderoso portador de aromas, calor e doçura. Na boca, fora a sensação de calidez ou queimação que o álcool provoca, álcool e água apresentam-se neutros.

A DEGUSTAÇÃO SINGULAR – Na degustação de um único exemplar de whisky, torna-se conveniente seguir as etapas seguintes:
– segurar o copo pela haste, se houver, ou pelo corpo, se for liso, e mirar o líquido contra um fundo branco; anotar a cor percebida, de acordo como o Quadro I;
– sem adição de água, levar o copo às narinas e aspirar;
– levar a bebida pura à boca para perceber o corpo, a riqueza, a cremosidade;
– repetir as duas operações após adicionar um pouco de água (aproximadamente, um terço do volume de whisky);
– anotar os aromas percebidos, de acordo com o Quadro II; anotar os sabores percebidos, de acordo com o Quadro III.

FICHA DE DEGUSTAÇÃO – Uma ficha de degustação simples deve conter os campos seguintes:
Data:
Nome do whisky:
Expressão: *(vide Glossário)*
Local da compra:
Preço:

Aspecto: *(cor, tonalidade, brilho...)*
Nariz: *(aromas, intensidade, agradabilidade, presença de defumado)*
Paladar: *(corpo, aroma de boca, defumado, presença salgada)*
Final *(fresco, longo, frutado, defumado...)*
Comentários:

A DEGUSTAÇÃO MÚLTIPLA – Uma atividade prazerosa e às vezes lúdica nos é proporcinada pela prova de diversos whiskies na mesma ocasião.

Nesse caso, é importante um ambiente sem odores – proibindo-se, portanto, o fumo e os perfumes marcantes – e que tenha iluminação suficiente para se enxergar a cor da bebida.

Os itens a seguir são requeridos:
– pelo menos seis tipos diferentes de whisky enfileirados em ordem crescente de intensidade: pelo teor alcoólico (primeiro, os de teor mais baixo); pela tonalidade da cor (primeiro, os mais claros); pelo tipo (os turfosos por último);
– número suficiente de taças, de preferência iguais, com a boca de diâmetro menor do que o bojo; discos planos à guisa de tampa;
– água mineral sem gás, copos para água;
– lápis e papel para anotações;
– fichas de degustação com cabeçalho para identificação do whisky e com campos para cor, aromas, gosto e sensações finais.

As amostras devem ser vertidas em quantidades iguais nos copos iguais e tampadas com a tampa de disco plana. Para cada uma delas, retirar a tampa e realizar degustações e anotações, segundo as etapas da degustação singular acima.

UMA EXPERIÊNCIA PRÁTICA – Para quem está começando no mundo da degustação de whisky, uma dica é degustar whiskies bastante diferentes entre si.

Segue-se uma sugestão baseada no "mapa de sabores" elaborado por especialistas escoceses:

Os quatro whiskies devem ser degustados na ordem em que são apresentados a seguir.

– Glenkinchie 12 anos (ou similar, leve & floral)
Olfato: whisky leve, com aroma de folhas verdes e cevada maltada.
Paladar: suave e cremoso, com gosto de frutas frescas e folhas verdes.

– Dalwhinnie 15 anos (ou similar, frutado & picante)
Olfato: seco e muito aromático, com um toque de urze e turfa.
Paladar: sabores da urze, mel e baunilha, toque cítrico e de cevada maltada.

– Singleton of Dufftown 12 anos (ou similar, rico & redondo)
Olfato: amadeirado, avelãs, maçã e um toque doce. No fundo, um suave aroma de açúcar mascavo.
Paladar: rico, avelãs, café e uma equilibrada doçura. Essa riqueza provém, em grande parte, da quantidade de barris de carvalho europeus que são utilizados para o amadurecimento.

– Talisker 10 anos (ou similar, encorpado & defumado)
Olfato: frutado, cítrico. Notas marinhas, defumado.
Paladar: frutas, defumado e um forte sabor de pimenta no fundo da boca.

ETAPAS – Nos capítulos seguintes, procuramos detalhar cada uma das etapas da degustação, fornecendo dados sobre a cor, os aromas e o gosto do whisky.
Para facilitar o reconhecimento, para cada etapa é fornecido um quadro com os atributos que se podem esperar de cada um desses dados.

Décimo Terceiro Capítulo

O ASPECTO E A COR

A ANÁLISE VISUAL E AS CORES DO WHISKY – A degustação do whisky começa com um exame visual que define seu aspecto: cor, tonalidade, brilho, viscosidade.

Primeiro, por serem evidentes, a cor e a tonalidade. Olhe o copo contra a luz. O líquido recém destilado é incolor. A cor do produto final resulta da maturação da bebida em cascos de madeira, razão pela qual as características deles determinam a cor do produto final. As cores de diferentes whiskies variam de um para outro, desde o cristalino, quase incolor, passando por várias nuances, do claro para o escuro, até uma cor castanha-escura, como melaço.

Procure então enquadrar a cor da bebida em uma das possibilidades a seguir.

Quadro I – Cores e tonalidades do whisky

COR	SEMELHANÇA	EXEMPLOS
Cristalino	água	Irish Knockeen Hills
Amarelo-palha	vinho	Scotch Glenfiddich 12
Amarelo-ouro	vinho branco	maduroIrish Coleraine
Dourado	ouro	Canadian Glen Breton
Mogno	mobília clara	Canadian Club10
Alaranjado	casca da laranja madura	Talisker10 years
Âmbar	cabelos castanhos	Caol Ila 12
Âmbar profundo	melaço	Lagavulin 25

Algumas cores e tonalidades são indicativas do tipo de barril de envelhecimento: amarelo-palha vem da barrica de bourbon; a cor de mogno vem da barrica de jerez.

Mas, para uma identificação apropriada, o nariz deverá complementar a indicação da cor.

A viscosidade prenuncia o corpo da bebida. Provoque movimentos circulares no líquido e atente para as lágrimas que escorrem na parede interna do copo. Se elas deslizam com facilidade, indicam textura fina e pouca estrutura na bebida. Se são densas e viscosas, descem devagar e demoram a desaparecer, prenunciam um whisky encorpado, untuoso.

Outra particularidade que merece atenção é o brilho. É sempre um prazer para os olhos ver a luz dançando na superfície dourada do whisky. Ele tem a ver com a pureza do produto e é indicativo de filtragem. Whiskies não filtrados podem ficar turvos quando se lhes adiciona água.

Décimo Quarto Capítulo

O ODOR E OS AROMAS

A ANÁLISE OLFATIVA E OS AROMAS DO WHISKY – Um copo com a boca ligeiramente fechada propicia um melhor aproveitamento dessa fase. Ao contrário do vinho, não se deve nem é preciso mexer o copo para apreciar os aromas de um whisky. Como o álcool é poderoso portador de aromas, e o whisky é uma bebida de elevado teor alcoólico – entre 40 e 53% em volume –, a sua degustação olfativa prescinde de reforço. De qualquer forma, quando se bebe *on the rocks*, é costume girar o copo para melhor integrar a água do gelo com o destilado.

Na degustação de whisky, particularmente de Single Malts, é aconselhável a adição de um pouco de água mineral sem gás, que desperta aromas e sabores adormecidos na bebida. Além disso, assim se evita o chamado "pico alcoólico", ou seja, como já mencionado, um efeito irritante na parte posterior do nariz, quando se cheiram líquidos alcoólicos.

A abordagem olfativa do whisky deve ser cuidadosa, pois o "pico alcoólico" anestesia a mucosa; a água deve ser adicionada, portanto, até o ponto em que o "pico alcoólico" deixa de se fazer sentir, o que corresponde geralmente a uma dose de água para cada três ou quatro de whisky. Como a captura de um aroma esquivo pode conduzir à fadiga do olfato, aconselha-se respirar fundo ou descansar de vez em quando, em vez de fazer inalações sucessivas.

A ALQUIMIA DOS AROMAS – Os aromas do whisky surgem da sucessiva transformação dos cereais, tanto na elaboração quanto no envelhecimento. Das reações que ocorrem nessas etapas, surgem pelo menos três grandes famílias de substâncias aromáticas: os ésteres, os aldeídos e os fenóis, formados pela interação do álcool com o oxigênio e o hidrogênio do ar.

Os aldeídos provêm da fermentação e do envelhecimento; entre eles, o mais significativo é a vanilina (aldeído vanílico), que origina os aromas de baunilha. Os ésteres resultam da reação do álcool com os ácidos e são as substâncias mais queridas tanto entre destiladores de whisky, quanto entre produtores de perfumes refinados, por serem responsáveis pelos odores agradáveis de flores e frutas.

A presença de compostos fenólicos dá ao whisky seu caráter defumado, trufado ou esfumaçado. Em paralelo, devem-se observar as notas sulfurosas – de fósforo queimado, gás, fogos de artifício – que surgem na fermentação e na destilação, assim como odores de caráter vinoso – chocolate, frutas secas, avelãs, nozes – provenientes do envelhecimento em barricas de carvalho que tiveram vinho (jerez, Porto, bourgogne...) no passado.

Quanto mais fechada olfativamente estiver a bebida nessa fase, mais benefício terá a adição de água. Mas não se esqueça: o leque aromático rico e complexo de um whisky muito envelhecido pode perder-se com a adição de água em demasia. A adição deve ser limitada, nesse caso, ao ponto em que se dá a liberação dos aromas.

OS REVELADORES DE AROMAS – Entre os cinco sentidos, o do olfato e o do paladar são os que melhor permitem apreciar um whisky, sendo o olfato o revelador mais preciso e sensível. Por meio das vias nasal e retronasal, os aromas são captados por receptores sensoriais da mucosa olfativa na parte superior da cavidade nasal e enviados para o cérebro.

A exploração olfativa começa pela orla do copo, para a captação dos aromas dominantes, e essa impressão inicial é a que mais conta. As impressões seguintes, mais difíceis de captar, realçam a complexidade aromática. Penetra-se então na alma do whisky e desvendam-se seus segredos.

O quadro a seguir lista alguns dos aromas do whisky mais frequentemente percebidos nas degustações e descrições da bebida. Procure encontrar entre eles aquele que você está experimentando ao provar certo exemplar e use-o na sua descrição. Na coluna do meio, indicam-se as etapas da elaboração em que eles foram adicionados ao leque aromático. A coluna da esquerda dá uma ideia aproximada da origem dos mesmos, se do cereal, da turfa, de substâncias aromáticas ou da madeira, etc.

Quadro II – Aromas do whisky

AROMAS	ETAPA	ORIGEM
Aveia, cereais, cevada, milho, trigo	maltagem	cevada
Biscoitos, brioche, bolo, pão tostado	maltagem	cevada
Alcatrão, cinzas, incenso	secagem	turfa
Cítricos, maçã, pera, pêssego, frutas secas	fermentação	ésteres
Folhas, flores, gerânio, menta, rosa	fermentação	aldeídos
Fogos de artifício, fósforo queimado, foguete	fermentação	sulfuroso
Cera de abelha, mel, queijo, tabaco	destilação	alambique
Borracha, gás, hidrocarbonetos	destilação	sulfuroso
Baunilha, canela, caramelo, toffee	envelhecimento	vanilina
Alcaçuz, café, moca, torrefação	envelhecimento	tostado
Caixa de charutos, carvalho, cedro, gengibre	envelhecimento	madeira nova
Bolor, metálico, mofo	envelhecimento	madeira usada
Chocolate, creme, manteiga	envelhecimento	tostado
Avelãs, nozes, amêndoas, frutas secas	envelhecimento	tostado
Jerez, Porto, Cognac	envelhecimento	barrica

Décimo Quinto Capítulo

O PALADAR E AS SENSAÇÕES FINAIS

A ANÁLISE GUSTATIVA E O GOSTO DO WHISKY – Chega então o momento esperado de provar o whisky. A temperatura ideal é de 18 a 20ºC. O whisky deve ser guardado na cavidade bucal por alguns segundos, para que ela fique saturada dos vários sabores. Retenha a bebida com o queixo um pouco elevado, para que você possa respirar pela boca e fazer com que o whisky passeie por todas as áreas.

Por ficarem em contato direto, a língua e o céu da boca são solicitados de imediato, percebendo-se então os sabores primários: doce, salgado, ácido e amargo, os únicos que a língua é capaz de distinguir; a doçura na ponta da língua; salgado e ácido nas laterais; e o amargo no fundo da boca.

A parte olfativa do gosto, com sabores de frutas, flores, especiarias, surge por via retronasal.

Simultaneamente, o cérebro recebe informações dos sensores táteis dos lábios, das bochechas e da parte longitudinal da língua sobre a textura, o corpo e a temperatura. O cérebro seleciona todas essas mensagens e o resultado é o gosto da bebida.

Completando a prova, procuram-se a complexidade gustativa, a intensidade e o equilíbrio de tudo isso. A impressão final pode ser de curta duração em certos whiskies, mas também pode durar alguns minutos, no caso dos whiskies longos.

A ALQUIMIA DOS SABORES – Os destilados em geral – whisky, cognac, armagnac... – são bebidas complexas, contendo ampla faixa de substâncias aromáticas, influentes no gosto, por estímulo retronasal. Duas a três centenas delas podem ser detectadas em laboratório, incluindo álcoois, ácidos carboxílicos, ésteres, terpenos, compostos de nitrogênio e enxofre, taninos e outros polifenóis. Para complicar, entre os compostos nitrogena-

dos aromáticos, encontram-se piridinas (alcatrão, breu, tabaco) e picolinas (carvão, resina, madeira).

A grande maioria dos destilados tem, na sua formação, a presença do acetal e da diacetila, que concedem sabores, respectivamente, de frutas secas e manteiga.

O acetal, produto da reação do álcool com o aldeído acético, traz um aroma típico do jerez e contribui para o gosto dos Single Malts com uma nuance de nozes e avelãs.

A diacetila tem aroma amanteigado e se apresenta nos destilados na seguinte ordem:

Mais amanteigados	rum dourado, rum cristalino, brandy.
Amanteigado	whisky, cognac, armagnac.
Menos amanteigados	vodca, gim.

Por outro lado, o sabor dos destilados é influenciado negativamente pela presença de óleos solúveis, de gosto desagradável. Óleos solúveis em excesso representam defeito, havendo, por isso, métodos para sua remoção no processo da destilação.

Os destiladores americanos, por exemplo, usam uma filtragem secundária com carvão, seixos, areia ou linho, para subtrair subprodutos indesejáveis. Já os canadenses empregam destiladores de coluna, que podem ser controlados para resultar um etanol quase puro, mas menos saboroso, conhecido como GNS (Grain Neutral Spirit ou aguardente neutra de cereal). O sabor é posteriormente restabelecido por mistura com whiskies sápidos.

Citemos também o gosto de coco no whisky. Sua origem se encontra nas lactonas do carvalho, com seu gosto de cocada. A lactona do whisky é, por isso, também conhecida como quercus lactona *(quercus = carvalho).*

AS ORIGENS DOS SABORES – Sabemos que o whisky resulta da ação do talento humano no uso da técnica da destilação sobre os cereais fermentados (cevada, milho...) e dos componentes de qualidade usados (água, turfa, madeira das barricas...), contribuindo para a bebida também a localização da destilaria, próxima ou afastada do mar. Surgem deles os sabores e aromas da bebida, conforme lista a seguir (que pretende ser útil e não completa):

- dos cereais: gosto de cevada, aveia..., nuances verdes de grama, capim, capim-limão;
- da turfa: defumado, alcatrão, grama ou capim queimado;
- da água: suavidade, pureza, nuance ferrosa ou terrosa, fruta fresca ácida;
- da fermentação: aromas florais, frutados e vegetais, violeta, laranja, maçã, pera, mel;
- da madeira: baunilha, coco, uva-passa, damasco, ameixa seca;
- da localização junto ao mar: salgado, iodado, algas, maresia.

Com tantas informações, torna-se importante sugerir, nesse momento certa, discrição na descrição.

Repetindo Jim Murray (vide Bibliografia), evite ser enganado por essa história de "...gosto de amoras peruanas colhidas ao cair da tarde; limite-se a perceber se o whisky é seco ou doce, se tem sabor defumado, se lembra frutas, se lembra sua infância...". E a dica desse mestre vale na degustação de todas as bebidas...

Ao fazer a descrição do whisky, procuremos, portanto, apenas enquadrar o gosto percebido em uma das alternativas do Quadro III a seguir, em termos de paladar, corpo e final (retrogosto).

Quadro III – O gosto do whisky

PALADAR
Adocicado – Salgado – Ácido – Amargo
Adstringente – Untuoso – Picante – Seco
Floral – Frutado – Vegetal – Cítrico
Abaunilhado – Achocolatado – Caramelado
Defumado – Fumaçado – Turfoso

CORPO
Delicado – Leve – Firme – Cheio – Carnudo - Forte – Exuberante
Suave - Macio - Sedoso – Redondo
Cremoso – Oleoso – Viscoso

FINAL
Aromático – Iodado – Turfoso - Apimentado
Árido – Áspero – Amargo
Suave - Intenso – Vigoroso – Enérgico
Curto – Longo – Muito Longo

RETROGOSTO – Engolido o whisky, percebe-se que certo sabor permanece na boca mesmo após cessada a causa do mesmo. É o que se chama de retrogosto ou de sensação final. Ao anotar suas impressões, o degustador deve deixar claro se essa sensação é agradável, persistente e se contém notas trufadas ou frutadas. Dessa forma, evidenciar se a bebida termina bem, deixando um "gosto de quero mais...".
Tratando-se de um Single Malt escocês, tais sensações dependem do Grupo de Estilos a que o exemplar em pauta pertence, conforme a classificação a seguir.

OS ESTILOS DE MALT WHISKY ESCOCÊS – O Single Malt Scotch Whisky, a mais alta expressão qualitativa entre os destilados da cevada maltada, é apresentado no mercado em estilos diversos, desde os mais leves e frutados até os pesados, robustos, defumados. Seguem-se os tipos de Malt Whisky encontráveis em lojas especializadas, supermercados e *duty frees*.

Grupo 1 – LEVE: malte discreto, floral, frutado, vegetal, aromático, envelhecido em geral entre 5 e 12 anos, não mais de 16 anos.
Exemplos: Auchentoshan 10; Benriach 10; Glen Grant 10; Cardhu 12; Glen Moray 12; Rosebank 12; Tamnavulin 12; Oban 14; Dalwhinnie 15; Glen Moray 16.

Grupo 2 – LEVE PARA MÉDIO CORPO, FRUTADO: frutado, aromas de cereais, envelhecido em geral entre 5 e 15 anos, não mais de 18 anos.
Exemplos: Old Rhosdhu 5; Littlemill 8; Ben Nevis 10; Old Fettercairn 10; Glen Keith 10; Cnoc 12; Glenturret 12; Glenlivet 12; Linkwood 12; Aberlour 15; Glenfarclas 15.

Grupo 3 – LEVE PARA MÉDIO CORPO, MALTADO: meio-leve, gosto de malte; nuance vinosa; mel; envelhecido em geral entre 10 e 18 anos, não mais de 21 anos.
Exemplos: Balvenie 10; Jura 10; Speyburn 10; Speyside 10; Aberfeldy 12; Cragganmore 12; Deanston 12; Glenfiddich 12; Glenmo-

rangie 12; Glen Ord 12; Royal Lochnagar 12; Strathisla 12; Glenturret 15; Jura 16; Benromach 18; Glenfiddich 18; Glenmorangie 18.

Grupo 4 – MÉDIO CORPO, FRUTADO: aroma frutado, nuance de jerez, muito macio, maltado, envelhecido entre 10 e 21 anos, não mais que 25 anos.

Exemplos: Aberlour 10, Balvenie 12; Balvenie 15; Longmorn 15; Glenmorangie 15; Balblair 16; Glengoyne 17; Glenlivet 18; Balvenie 21; Glenfarclas 21; Glenfarclas 25.

Grupo 5 — MÉDIO CORPO, DEFUMADO: frutado, mentolado, trufado, salgado, envelhecido em geral entre 10 e 21 anos, não mais que 25 anos.

Exemplos: Laphroig 10; Glen Garioch 10; Springbank 10; Old Pulteney 12; Laphroig 15; Glen Garioch 15; Ardbegh 17; Bowmore 17; Bruichladdich 20; Ledaig 20; Bowmore 21.

Grupo 6 – MÉDIO PARA ROBUSTO, DEFUMADO – torta de frutas, amadeirado, ajerezado, defumado, envelhecido entre 10 e 25 anos, não mais que 30 anos.

Exemplos: Edradour 10; Bunnabhain 12; Dalmore 12; Macallan 12; Glen Scotia 14; Glenfiddich 15; Glendronach 15; Mortlach 16; Macallan 25; Glenfarclas 30.

Grupo 7 – ROBUSTO, DEFUMADO: rico, aromas de frutas secas, baunilha, defumado, turfoso, alcatroado, com uma nuance de jerez ou Porto ou Madeira, envelhecido entre 10 e 25 anos, não mais que 30 anos.

Exemplos: Ardberg 10; Talisker 10; Aberlour 12; Bowmore 12; Macallan 12; Glenfiddich 15; Lagavulin 16; Highland Park 18; Macallan 25; Glenfarclas 30.

Décimo Sexto Capítulo

A DESCRIÇÃO

Identificada a cor, reconhecidos os aromas e o gosto do whisky com base nos Quadros I; II e III, considerando o estilo do whisky e acrescentando uma observação de caráter geral, podemos expressar nossas impressões e fazer a descrição apropriada do exemplar provado, chegando, dessa forma, ao aspecto literário e ao prazer cultural da degustação.

DESCREVENDO SINGLE MALT SCOTCH WHISKY – EXEMPLOS
Eis então, nos exemplos a seguir, como se expressam os especialistas em relação aos Scotch Malt Whiskies.

Grupo 1 (leve, frutado) – Ex: Auchentoshan 10; 40% ABV, Lowlands.
Uma descrição: dourado brilhante, nariz adocicado, aromas de ervas, floral, com caramelo, chocolate e urze, paladar gentil, médio corpo, cálido, final curto. Demonstra a suavidade típica dos maltes das Lowlands.
Outra descrição: por trás de uma roupa dourada, revelam-se aromas frutados e florais. No paladar, notas frutadas, nuances de cereais frescos e discreto amadeirado, algo condimentado. Um malte de grande frescor, ideal como aperitivo.

Grupo 2 (leve para médio, frutado) – Ex: Glenlivet 12; 40% ABV, Speyside.
Uma descrição: palha clara, floral, toque de maçã verde, mel, especiarias, discretamente defumado. Paladar de frutas, baunilha e jerez, médio corpo. Indícios de especiarias. Perfeito equilíbrio de doçura e fragrância com baunilha e jerez.
Outra descrição: belo à vista, untuoso, floral, frutado, ligeiramente perfumado. Paladar doce, frutado, discretamente defumado, final de caramelo. Muito, muito suave, excelente no todo.

Grupo 3 (leve para médio, maltado) – Ex: Glenmorangie 18; 43% ABV, Highlands.

Uma descrição: rico e redondo, laranja, ervas, mel, nuances maltadas, notas de frutas secas e de nozes do amadurecimento em barris de jerez. Na boca, notas de anis, final longo.

Outra descrição: indícios florais, aroma de nozes. Gosto oleoso, defumado, café, tabaco, toque salgado no final. Aromático, de categoria, muscular mas esbelto.

Grupo 4 (médio corpo, frutado) – Ex: Balvenie 15 years; 47% ABV, Speyside.

Cor laranja, condimentado, cítrico, canela. Paladar de carvalho doce, nozes e mel, retrogosto longo de mel.

Grupo 5 (médio corpo, maltado) – Ex: Springbank 10; 46% ABV, Campbeltown.

Tonalidade âmbar, com reflexos dourados. Nariz maltado elegante e complexo; especiarias doces, frutas secas, amêndoa torrada. Boca redonda, suave, equilíbrio entre calidez e frescor.

No final, o malte tostado e as especiarias se fundem numa palheta oriental. Belíssimo malte que cultiva mais a elegância e a fineza que a força bruta.

Grupo 6 (médio para robusto, maltado) – Ex: Edradour 10 anos; 43% ABV, Speyside.

Uma descrição: de cor terrosa, aromas a especiarias, forte, sabor apimentado, turfoso, defumado, indícios de tabaco e caramelo. Suave e condimentado, com um final não muito explosivo.

Outra descrição: aroma fragrante com mel, mentolado, um quê de defumado, paladar doce e cremoso com notas de pistache, frutas e indícios de jerez e especiarias. Corpo médio, notas de flores, frutas, mel e malte no retrogosto.

Grupo 7 (robusto, defumado) – Ex. Talisker 10 anos; 45,8 % ABV, Isle of Skye.

Uma descrição: maltoso e salgado, poderoso aroma de ilha, paladar rico e encorpado, pungente, sabores de litoral e malte, notas apimentadas e de frutas secas.

Final seco, pungente, turfoso, com notas de especiarias e tabaco.
Outra descrição: aroma terroso, opaco, defumado. Sabor muito turfoso, amadeirado, defumado, salgado, com final longo. Tem gosto de nozes. Um produto de classe.
Outra descrição: cor âmbar, tonalidade castanha de intensidade média, nariz poderoso distingue-se por forte presença de turfa tostada, notas terrosas e de névoas marinhas (salgado, iodado). Deliciosa fruta madura arredonda o conjunto. Viril, revela na boca uma força rústica, estrutura corpulenta, final muito defumado, iodado, tostado com notas de café, baunilha e alcatrão. Um malte de caráter, para beber com portas e janelas fechadas quando, do lado de fora, se desenrola a tempestade.

DESCREVENDO WHISKIES DE FORMA GERAL – EXEMPLOS
Eis algumas das descrições dos especialistas e *connaisseurs*.
Bushmills Irish Whiskey (Irlanda): ouro claro brilhante, aromas cítricos e tostados, denso, adocicado, seco no final, retrogosto de nozes. Equilibrado, fácil de beber.
Jim Beam White Label Kentucky Straight Bourbon Whiskey (EUA): notas florais e de baunilha, início de boca doce, abaunilhado; a seguir, notas mais secas, acarvalhadas, malte macio no retrogosto.
Reisetbauer 7 anos Single Malt (Áustria): amplo, delicado e rico no olfato; aromas de ervas secas, toque tostado lembrando avelãs. Notas agradáveis de casca de pão e cereais; defumado discreto, finamente picante.
Kentucky Wild Turkey Rye (EUA): favos de mel, marca da destilaria Austin Nichols que proporciona profundidade; retrogosto com presença de gengibre.
The Black Grouse Blended Scotch Whisky (Escócia): nuance de chá, frutado a pêssego, maçã, presença de geleias de frutas. No paladar, notas turfosas, baunilha e pimenta, retrogosto suave a especiarias.
Nikka Whisky Single Malt Yoichi (Japão): amarelo-ouro com reflexo bronze, nariz pronunciado, fresco, seco e defumado. Médio

corpo, paladar de hortelã e cítrico. Retrogosto discretamente defumado.

Johnny Walker Green Label (Escócia): ouro-escuro, com nuances castanhas. Nariz defumado, toque de musgo. Adocicado, frutado a laranja, pera e cereja. Corpo médio a robusto. Gosto delicado de cereais. Mel, banana, amora, manteiga, creme, especiarias, nozes. Retrogosto condimentado com cacau e madeira.

Kentucky Bernheim President's Reserve (EUA): nuance de laranja e *toffee*, em perfeita harmonia com a calidez da pimenta e um retrogosto de nozes.

Lagavulin 1979 Single Islay Malt "Distiller's Edition" (Escócia): ondas de turfa doce acompanhando notas de jerez, ar marítimo fresco, defumado. Notas vinosas no paladar, encorpado. Longo final turfoso e condimentado. Para ser saboreado e muito admirado.

Lagavulin Single Islay Malt 16 anos (Escócia): sob uma roupagem âmbar fechada, surgem odores marcantes, turfosos, defumados, marcados pela água do mar, as algas, a terra molhada e madeira queimada. A boca se impõe com caráter. O final turfoso e iodado faz desse malte o arquétipo do gosto viril das ilhas batidas por ventos marítimos.

PERGUNTAS E RESPOSTAS

Que métodos existem para a obtenção de bebidas alcoólicas?
Fermentação, destilação, adição de álcool.

A destilação é um processo químico, físico ou biológico? Em que se baseia?
É um processo físico de separação de líquidos de uma mistura por aquecimento, baseado na diferença dos pontos de ebulição de cada um deles.

Como é denominado o aparelho utilizado na destilação?
Há o alambique (do árabe *al-anbiq*) ou *pot still* e o destilador *coffey* ou destilador contínuo.

Como é obtido o whisky?
Por destilação de um fermentado de cereais.

Qual a origem da palavra whisky?
Da expressão gaélica *uisge beatha*, que significa "água da vida".

Quais as matérias-primas usadas na elaboração do whisky?
Cevada, malte, centeio, milho, trigo.

O que é malte?
A cevada depois de germinada e seca.

Qual o país mais importante produtor de whisky? Com que denominação?
A Escócia, com o Scotch Whisky.

Qual a matéria-prima mais importante na elaboração do Scotch Whisky?
A cevada.

Quais as regiões produtoras de whisky na Escócia?
Highlands, Lowlands, Islay e as ilhas, Speyside e Campbeltown.

Que tipos de Scotch Whisky são produzidos?
Single Malt, Single Grain, Blended Malt, Blended Grain e Blended.

Qual o tipo de whisky de maior produção e aceitação internacional?
Blended Whisky.

O que é um Blended Whisky?
O whisky resultante da mistura de vários Single Malts de diferentes destilarias com diversos whiskies de cereais (Grain Whiskies).

Como se dá a elaboração do Single Malt?
Em uma única destilaria, a partir do malte da cevada fermentado, destilado em alambique de cobre e envelhecido em barris de carvalho por, no mínimo, três anos.

O que distingue o whisky irlandês em termos de elaboração?
Usa também cevada não maltada e é destilado três vezes.

O que há de comum entre os whiskies Vat 69, White Horse e William Lawson's?
Os três são Blendeds escoceses.

O que há de comum entre os whiskies Canadian Club, Canadian Mist e Black Velvet?
Os três são Blendeds canadenses.

Quais destilarias escocesas distinguem-se pelos Malt Whiskies mais robustos e turfosos?
Ardbegh, Bowmore, Caol Ila, Clynelish, Lagavulin, Laphroig, Ledaig, Longrow, Talisker.

Como se pronunciam os nomes Auchentoshan, Bruichladdich, Bunnahabhain, Craigellachie, Edradour, Laphroaig, Lagavulin, Mortlach, Strathisla e Tomintoul?
Respectivamente, "óken-tóshan", "bruk-ládi", "buna-háven", "creig-élatchi", "idradáuar", "lafróig", "laga-vúlin", "mórt-lak", "stratáila" e "tomintáuel".

Que outros continentes produzem whisky além da Europa?
América, Ásia, Oceania.

Quais os países da Ásia e da Oceania produtores de whisky? Quais se distinguem?
Na Ásia: Japão, Índia e Paquistão – distingue-se o Japão;
Na Oceania: Austrália e Nova Zelândia – distingue-se a Austrália.

Quais os tipos de whisky produzidos nos EUA?
Bourbon (Jim Beam, Wild Turkey), Tenessee (Jack Daniel's, George Dickel), Rye (Rittenhouse, Jim Beam), Corn Whiskey, Wheat Whiskey, Blended Whiskey.

A que se devem o aroma e sabor defumado de certos whiskies escoceses?
À presença da turfa como combustível no forno de secagem do malte. Em menor monta, o fato de a água de diluição passar por terrenos turfosos.

Que aromas do whisky se devem à fermentação do cereal?
Dos ésteres: cítricos, pera e maçã, pêssego, abacaxi, banana, frutas vermelhas.
Dos aldeídos: flores, gerânio, rosa, feno, folhas, erva fresca, menta.

Qual a sequência adequada do uso dos sentidos na degustação do whisky?
Exame visual, olfativo, gustativo e sensações finais.

GLOSSÁRIO

ABCW – Iniciais da Associação Brasileira dos Colecionadores de Whisky.

ABV ("alcohol by volume") – Teor de álcool no whisky, usualmente entre 40 e 43%.

ADOÇAMENTO POR CARVÃO – Processo usado na elaboração de whisky no Tenessee, em que a bebida é filtrada em um leito de carvão com uma camada de açúcar, antes de seguir para o envelhecimento.

AFTERSHOTS – Ou "Feints"; vide Caudas.

AGE – Idade. Tempo de maturação do whisky em barris. O Scotch deve ser envelhecido por, no mínimo, três anos. Os Single Malts renomados, por, pelo menos, oito anos.

AGE STATEMENT – Indicação de Idade. Se a idade do whisky está indicada no rótulo, ela se refere ao whisky mais jovem da mistura.

ÁGUA – Componente-chave na elaboração do whisky, usada na maltagem, na formação do mash, no resfriamento do vapor alcoólico e na diluição do destilado.

ALAMBIQUE (*pot still*) – Aparelho de cobre para destilação. Seu tipo e tamanho variam de destilaria para destilaria, sendo parte importante na determinação do caráter do destilado.

ALAMBIQUE DE CERVEJA (*wash still*) – Expressão norte-americana para o primeiro alambique usado no processo de destilação.

ALAMBIQUE DE COLUNA – Vide Destilador de Coluna

ALAMBIQUE LOMOND (*lomond still*) – Alambique de forma achatada destinado a elaborar um destilado mais forte e untuoso; leva esse nome por ter sido utilizado pela primeira vez na Destilaria Loch Lomond, na Escócia.

ÁLCOOL POR VOLUME – Vide ABV.

ALDEÍDOS – Compostos químicos responsáveis por alguns dos aromas dos whiskies: o citral (limão), o acetaldeído (nozes), a vanilina (baunilha), as pirazinas (chocolate), o aldeído benzoico (amêndoas), o aldeído cinâmico (canela)...

AMADURECIMENTO – Vide Envelhecimento.

AMERICANO – Vide Barril Americano.

AMILASE – Enzima presente no malte que converte o amido do malte em açúcar.

ANALISADOR – Vide Destilador Contínuo.

ANGEL'S SHARE – Perdas por evaporação durante a maturação do whisky. Na Escócia, cerca de 2% se perdem; em climas mais quentes, as perdas são ainda maiores.

ANTRACITO – Carvão mineral usado na secagem da cevada maltada.

A PARTE DOS ANJOS – Vide *Angel's Share*.

AQUA VITAE – "Água da vida", em latim, referindo-se ao whisky. Aguardente.

AROMAS – Sensações olfativas agradáveis perceptíveis em bebidas alcoólicas.

AUCTIONEERS – Leiloeiros oficiais de whisky na Escócia.

BACKSET – Operação das destilarias norte-americanas em que se acrescenta o produto da Destilação Fina (vide neste glossário) ao tanque de maceração, evitando contaminação por bactérias.

BARLEY – Vide Cevada.

BARREL – Barrica pequena de amadurecimento com capacidade de 180 litros.

BARRIL – Termo genérico para recipientes de madeira. Os *hogsheads* têm capacidade de 250 litros. Os *butts* ou *puncheons* comportam 500 litros.

BARRIL AMERICANO – Recipiente de madeira com capacidade de 173 a 191 litros.

BLENDED – Combinação de vários tipos de Malt Whisky, com uma porção de Grain Whisky, que torna a bebida final mais leve.

BLENDED MALT – Combinação de dois ou mais Malt Whiskies, conhecido no passado como Vatted Malt.

BLENDED SCOTCH – Whisky elaborado de uma mistura de Malt Whisky com whiskies de cereais. Geralmente, quanto maior o teor em malte, melhor o Blend.

BODY – Vide Corpo.

BOLA DE MALTE (*malt ball*) – Expressão irlandesa para um copo de whisky.

BOND – Vide Bonded Warehouse.

BOND BOTTLED – Bourbon engarrafado após quatro anos de maturação, com ABV mínimo de 50%.

BONDED WAREHOUSE – ou BOND – Armazém alfandegado onde se estocam temporariamente os barris com whisky até o pagamento dos impostos.

BORBULHAMENTO – Método grosseiro de determinação do teor alcoólico pelo qual um especialista sacode a garrafa, verificando o tamanho e a persistência das bolhas.

BOTHIE – Prédio pequeno, em geral oculto na mata, onde destiladores produziam ilegalmente whisky nas Highlands da Escócia.

BOURBON – Estilo clássico de whiskey americano, elaborado por lei com um mínimo de 51% de grãos de milho. A maturação se dá em barrica nova de carvalho tostado.

BOURBON SMALL BATCH – Nome dado por alguns produtores americanos a seus bourbons mais finos, escolhidos criteriosamente e vendidos a preços mais elevados.

BRAÇO – Tubo do alambique pelo qual o vapor alcoólico passa para o condensador. Também *lyne arm* ou *lyne pipe*.

BUNG – Tampa do orifício do barril.

BUTT – O segundo maior barril usado regularmente para o envelhecimento de whisky, com capacidade de 500 litros. Também *puncheon*.

BY APPOINTMENT TO – Sinal de autorização dada por membros da família real inglesa para colocar seu sinete em certos whiskies de qualidade.

CABEÇAS – ou FORESHOTS. O primeiro destilado coletado na saída do alambique em cada corrida; parcela indesejável, destinada à redestilação, por conter ácidos, aldeídos e ésteres em excesso.

CAIXA DE SALADIN (*Saladin box*) – Grande bacia na qual se dá a germinação da cevada, ali revolvida por meios mecânicos, e que leva o nome de seu inventor francês.

CAMPBELTOWN – A menor das regiões produtoras de whisky reconhecidas da Escócia, localizada na península de Kintyre, em Argyllshire, no sudoeste do país.

CASAMENTO – Prática de se dar certo tempo a uma mistura de whiskies colocada em recipientes de madeira ou inox para homogeneizar antes do engarrafamento.

CASK – Termo genérico dado a recipientes de madeira para amadurecimento de bebida alcoólica, de várias capacidades. Vide Barril.

CASK FINISHING – Uso de barril diferente no período final da maturação. O mesmo que Finish.

CASK STRENGHT – Whisky que não foi diluído para o teor padrão de 40 ou 43% e que foi engarrafado com o ABV com que saiu do barril entre 57 e 63%. O "Glenfarclas 105 Cask Strenght", com seu ABV de 60%, foi, durante algum tempo, o whisky mais alcoólico no mercado.

CAUDAS – AFTERSHOTS ou FEINTS – Fração final do destilado, de odor desagradável, fraca em álcool, produzida em cada corrida, separada e encaminhada para redestilação.

CENTEIO – "Rye". Cereal usado na elaboração de whiskey nos EUA, onde o Rye Whiskey já chegou a ser mais popular do que o bourbon.

CERVEJA – Vide Wash.

CLEARIC – Wisky recém destilado, retirado diretamente do alambique, de cor clara e teor elevado.

CEVADA – Cereal que se constitui na principal material-prima no processo de elaboração de whisky na Escócia.

CHARRING – Aplicação de fogo no interior do barril novo. Tostado.

CHARRIOT – Uma das marcas de cevada usada na elaboração de Single Malts.

CHILL FILTRATION – Vide Filtração a Frio.

CONDENSADOR – Tubulação de cobre espiralada inserida dentro de um recipiente com água fria, instalado do lado de fora da destilaria.

COFFEY, AENEAS – Inspetor-geral da Receita da Irlanda que patenteou o destilador contínuo ou destilador Coffey (vide neste glossário) em 1830.

CONGÊNERES (*congeners*) – Substâncias surgidas durante as distintas etapas da elaboração do whisky, cujas propriedades influenciam a cor, o aroma e o gosto da bebida.

COOPER – Vide Tanoeiro.

CORN – Whisky americano elaborado a partir de milho (mínimo de 80%).

CORPO – Também *body*; termo da degustação, de difícil definição, para indicar a capacidade da bebida de preencher a cavidade bucal como um todo. Do ponto de vista do corpo, a bebida pode ser leve, de médio corpo ou encorpada.

CORRIDA (*run*) – O fluxo completo de um volume de líquido em destilação.

CORTE – Vide Cutting.

CORTE MÉDIO – Vide Middle Cut. Também chamado "coração do whisky".

COUCH – Segundo tanque onde é colocada a cevada quando retirada do Mergulhador.

CULMS – Sobras do processo de maltagem aproveitáveis como adubo.

CUT POINTS – Pontos de corte da cabeça (*foreshots*) e da cauda (*feints*), cruciais para a formação do caráter do whisky a ser obtido.

CUTTING – Separação numa corrida das caudas e das cabeças (vide neste glossário) para redestilação e aproveitamento do *middle cut*.

DARK GRAINS – Pelotas de alimento proteico, subproduto do tratamento da cerveja com o *draff* (vide neste glossário) seco. Após evaporação, torna-se marrom-escura, daí o nome *dark*.

DE LUXE – Termo sem definição legal, aplicado a Blended Whiskies de qualquer idade ou qualidade, mas desse tipo de whisky se espera uma proporção de Malt Whisky acima da média.

DESTILAÇÃO – Processo de obtenção de álcool por aquecimento de uma mistura líquida contendo água e álcool. O álcool ferve a uma temperatura mais baixa do que a da água, vaporiza-se e pode ser recuperado por condensação.

DESTILAÇÃO CONTÍNUA – Processo ininterrupto de destilação processado no destilador contínuo.

DESTILAÇÃO DUPLA – Procedimento pelo qual o whisky é destilado novamente, depois de passar por uma primeira destilação.

DESTILAÇÃO FINA – Líquido não alcoólico que sobra quando os sólidos são removidos da destilação.

DESTILAÇÃO POR CORRIDAS – Processo de destilar volumes determinados de cada vez nos alambiques. Também "destilação por partidas".

DESTILAÇÃO TRIPLA – Procedimento de destilar o whisky três vezes sucessivamente, para se chegar a uma bebida mais leve e pura. Característica tradicional do whiskey irlandês.

DESTILADOR – Dispositivo no qual se processa a destilação. Para o whisky, há dois tipos: alambique e destilador contínuo.

DESTILADOR COFFEY – Destilador patenteado por Aeneas Coffey (vide neste glossário) em 1830. Consiste de duas colunas paralelas: o analisador, no qual o álcool é separado, e o retificador, no qual é concentrado.

DESTILADOR DE COLUNA – vide Destilador Coffey.

DESTILADOR CONTÍNUO – vide Destilador Coffey.

DORNA – vide Washback.

DRAFF – Sobras de cereais, ricas em proteínas, após extração do açúcar no processo de destilação, usadas como alimento para gado.

DRAM – Dose de whisky para ser degustada, sem um volume determinado; nome de um copinho considerado uma dose unitária (vide Iain Banks, na Bibliografia).

DUNNAGE – Armazenagem em galpão fechado para maturação de whisky no qual os barris são alinhados e empilhados sobre o solo em até três camadas.

ENVELHECIMENTO – Prática de manter o destilado em barris de carvalho, para que adquira suavidade e ganhe cor e sabor. Também "amadurecimento" ou "maturação".

ÉSTERES – Compostos químicos responsáveis por alguns dos aromas do whiky, tais como acetato de metila (maçã), acetato de feniletila (mel), etc.

ESTUFAGEM – Vide Kilning.

EXCISE DUTY – Imposto aplicado sobre o whisky pelo governo do Reino Unido.

EXCISEMAN – Fiscal da receita britânica responsável pela cobrança do Excise Duty.

EXPRESSÃO – Termo usado para indicar certo tipo particular em meio à produção total da destilaria. Exemplo: a expressão *cask strenght* (vide neste glossário).

FEINTS – O mesmo que caudas (vide neste glossário) ou *aftershots*.

FENÓIS – Compostos químicos responsáveis por alguns dos aromas do whisky ,tais como defumado (da turfa), o cresol (couro) e o carvacrol (ervas).

FERMENTAÇÃO – Transformação do açúcar dos cereais em álcool por ação de leveduras com formação da "cerveja".

FILLINGS – Destilado recém elaborado quando colocado no barril de maturação.

FILTRAÇÃO A FRIO – Processo pelo qual o whisky é resfriado a 4ºC e submetido a uma filtração fina para assegurar que se mantenha claro na garrafa.

FINISH – Procedimento para dar forma final ao whisky, transferindo-o de seu barril para um outro que havia sido usado anteriormente para envelhecer outra bebida alcoólica. O mesmo que Cask Finishing.

FIRST FILL – Primeiro enchimento com whisky de um barril usado anteriormente para envelhecer jerez ou bourbon.

FORESHOTS – ou CABEÇAS. Álcool produzido no início da destilação, a ser redestilado.

FORNO DE SECAGEM – Vide Kiln.

GILL – Medida para whisky equivalente a 125 mililitros.

GRAIN – Grãos de cereais.

GRAIN WHISKY – Whisky elaborado a partir de cereis diversos, como milho, trigo ou cevada não maltada.

GRADUAÇÃO ALCOÓLICA – A quantidade de álcool na bebida dada em porcentagem, em volume ou em graus GL. O mesmo que teor alcoólico.

GRAIN WHISKY – Feito à base de qualquer cereal, quase sempre milho, destilado em alambiques contínuos e envelhecido em barris de carvalho por três anos.

GREEN MALT – Vide Malte Verde.

GRINDING MACHINE – Dispositivo de moagem da cevada maltada.

GRIST – Cereais maltados e moídos.

HIGHLAND – Importante região escocesa produtora de whisky situada ao norte de uma linha teórica entre Greenock no oeste e Dundee no leste da Escócia. O Speyside (vide neste glossário) está incluído geograficamente nessa área, mas é merecedor de uma classificação própria.

HOGGIE – Vide Hogshead.

HOGSHEAD – também HOGGIE – barril para amadurecimento de whisky com capacidade de 250 litros.

IDADE – Vide Age.

INDICAÇÃO DE IDADE – Vide Age Statement.

IRISH WHISKY – Vide Whisky Irlandês.

ISLAY – Ilha do arquipélago das Hébridas, ao largo da costa oeste da Escócia, contando com oito destilarias de renome e famosa por seus Malt Whiskies de alta qualidade.

JIGGER – Medida americana de bebidas equivalente a 30 mililitros.

KILN – Forno em que a cevada é seca para interromper a germinação. Durante essa operação, pode ser usada a turfa como combustível, para dar um toque defumado ao malte.

KILNING – Aquecimento para secagem do malte verde, interrompendo a germinação dos grãos e retendo o conteúdo em amido.

LEVEDURA – ou LEVEDO. Micro-organismos que agem na fermentação de líquidos açucarados ao tranformarem o açúcar em álcool.

LOWLAND – Região produtora de whisky da Escócia, com apenas três destilarias em operação. O whisky da região é considerado ideal para aperitivos, por ser leve e suave.

LOW WINES – Produto impuro e fraco da primeira destilação no alambique, que requer uma segunda destilação.

LYNE ARM – Também LYNE PIPE ou BRAÇO – Tubo que conecta a cabeça do alambique ao condensador. O ângulo de inclinação desse tubo tem efeito significativo no estilo do destilado final.

MADEIRA (*wood*) – Termo genérico para barricas, barris e outros recipientes de madeira.

MALT CULMS – Resíduos da limpeza dos grãos de cevada.

MALTAGEM (*malting*) – Processo de obtenção do malte por meio da germinação dos grãos de cereal, seguido de secagem.

MALTE – Grãos da cevada secos após a germinação.

MALTE VERDE (*green malt*) – Expressão dada à cevada germinada no momento em que a germinação é interrompida no processo de maltagem. O amido do malte será convertido em açúcares que darão origem ao álcool da bebida por fermentação.

MALTMAN – O profissional encarregado da maltagem.

MALT WHISKY – Destilado do malte de cevada em alambique de cobre, envelhecido por, no mínimo, três anos em barril de carvalho.

MARRIAGE – Vide Casamento.

MASH – ou MOSTO – Mistura do malte com água quente.

MASHING – A formação do mosto (*mash*) pela adição de água quente ao malte. No processo, o *mashing* vem depois da maltagem e antes da fermentação.

MASH BILL – Expressão usada nos EUA para as porcentagens de diferentes cereais usados na maceração.

MASH TUN – Grande recipiente no qual tem lugar a adição de água quente ao malte para formar o mosto ou *mash*. Tina de mistura.

MATURAÇÃO – Vide Envelhecimento.

MELLOW – Atributo de suavidade e maciez de certos destilados.

MERGULHADOR – Tanque no qual a cevada é embebida em água para iniciar o processo de germinação.

MEXEDOR – ou RUMMAGER – Aparelho inserido no alambique, consistindo de braços rotativos que arrastam uma corrente de cobre evitando que partículas sólidas colem no fundo do destilador.

MIDDLE CUT – A parte mais pura e desejável do álcool obtido na parte média da destilação de uma corrida.

MILHO – O cereal da maior parte dos whikyes americanos, principalmente do bourbon.

MOONSHINE (=luar) – Termo usado nos EUA para whisky clandestino que, no passado, era destilado à noite, para evitar a descoberta.

MOTHBALLED – Termo usado para indicar que uma destilaria foi desativada temporariamente.

NARIZ – O leque aromático do whisky.

NEW MAKE – nos EUA, *White dog* – Destilado claro saído do segundo destilador com 70% ABV.

NOSE – Vide Nariz.

NOSING GLASS – Copo em forma de tulipa utilizado na prova olfativa do whisky.

OILS – Substâncias químicas responsáveis por alguns dos aromas oleosos do whisky, tais como a diacetila (manteiga) e o acetaldeído (nozes, amêndoa seca, avelãs).

ON THE ROCKS - Whisky servido no copo com pedras de gelo.

OCTAVE – Pequeno barril com capacidade de 45 a 68 litros.

PAGODA ROOF – Pequena torre das destilarias – localizada acima dos fornos de secagem – em forma de pagode chinês, que identifica as destilarias escocesas.

PATENT STILL – Vide destilador Coffey.

PEAT – Turfa.

PIECE - (= peça) – Certa quantidade de cevada germinando, ainda no solo da maltagem.

POITIN – Palavra irlandesa para indicar bebida destilada ilegalmente. *Poteen* na Inglaterra.

POT ALE – Líquido alcoólico residual rico em proteínas, encontrado no alambique após o término da primeira destilação.

POTEEN – Palavra usada na Inglaterra para indicar whisky destilado ilegalmente. O mesmo que *Poitin*.

POT STILL – Vide Alambique.

PROOF – Medida da alcoolicidade de um destilado, expressa em graus, calculada com uso de um hidrômetro. Ainda usada nos EUA, mas em desuso no Velho Mundo.

PUB – PUBLIC PLACE – Bar onde se reúnem consumidores de bebidas alcoólicas.

QUAICH – Taça rasa com duas alças, de origem celta, usada como sinônimo de whisky.

QUARTER – Barril com capacidade de 127 a 159 litros.

REFLUXO (*reflux*) – Fenômeno observado durante a destilação em que os vapores mais pesados condensam-se e voltam à forma líquida sem sair do alambique, sendo então redestilados.

ROYAL WARRANTY – Autorização para destaque da palavra Royal no rótulo, dada pela Casa Real da Inglaterra para certos whiskies cuja excelência é reconhecida.

RUMMAGER – Vide Mexedor.

RUN – Vide Corrida.

RYE – Whiskey norte-americano cuja matéria-prima inclui pelo menos 51% de centeio.

SALADIN BOX – Vide Caixa de Saladin.

SALTY – Atributo do destilado que apresenta discreto sabor salgado.

SBW – Iniciais da Sociedade Brasileira do Whisky.

SCOTCH – Forma abreviada para whisky escocês, isto é, destilado e envelhecido na Escócia.

SHIEL – Pá de madeira usada para remexer a cevada na maltagem.

SILENT – Uma destilaria parada, mas potencialmente produtiva.

SINGLE CASK – Whisky engarrafado proveniente de um único barril, frequentemente vendido em *cask strenght* (vide neste glossário).

SINGLE MALT – Whisky de alambique elaborado a partir da cevada maltada em uma única destilaria e que não foi misturado com nenhum outro Malt Whisky ou Grain Whisky.

SOUR MASH WHISKEY – Tipo de whiskey americano em que a elaboração inclui o reaproveitamento de uma pasta de resíduos de cereais do processo.

SPEYSIDE – Região do nordeste da Escócia, cortada pelo rio Spey, onde se encontra metade das destilarias escocesas.

SPIRIT – Bebida alcoólica já pronta ou um líquido alcoólico faltando finalização.

SPIRIT STILL – Segundo alambique no processo de destilação.

SPIRIT SAFE – Caixa metálica com tampa de vidro através da qual se monitora a pureza do destilado para realizar o corte. Inventada por Septimus Fox por volta de 1820 e de uso obrigatório desde 1823.

STEEP – O recipiente no qual a cevada é embebida em água quente para germinar.

STEEPING – Processo de embeber a cevada com água quente para dar início à germinação dos grãos.

STEIN, ROBERT - Técnico escocês que inventou o destilador contínuo em 1827, posteriormente aperfeiçoado e patenteado por Aeneas Coffey, em 1830.

STRAIGHT – Bebido puro, não diluído nem com gelo.
STILL – Alambique.

STILLAGE – Denominação norte-americana para os resíduos do fundo do alambique.

STILLMAN – Um profissional da destilação.

SWEET ASSOCIATES – Compostos químicos responsáveis por aromas adoçicados do whisky, tais como a vanilina (baunilha), maltol (caramelo), acetato de feniletila (mel), etc.

SWITCHER – Mecanismo com braços rotativos inseridos no *washback* para reduzir uma *frothing* excessiva durante a fermentação.

TANOEIRO (*cooper*) – Profissional especializado na fabricação de barris ou tonéis de madeira.

TENESSEE – Whisky elaborado no estado do Tenessee, EUA, tem por característica o processo de filtração em carvão, que pretende chegar a um detilado mais puro e *smoother*. Vide Adoçamento em Carvão.

TOP DRESSING – Termo usado na mistura de whiskies para indicar o uso de Malt Whiskies de alta qualidade e que se casam muito bem, conferindo ao Blended uma aparência de profundidade e caráter.

TAILS – O mesmo que Feints ou Caudas (vide neste glossário).

TASTE – O gosto do whisky.

TASTING – Uma degustação de whisky.

TOASTING – O mesmo que Charring (vide neste glossário).

TOJO – Arbusto ramificado, armado de espinhos, que, misturado com a turfa das Ilhas Orkney para secar o malte, confere um gosto distinto adocicado ao whisky local Highland Park.

TURFA (*peat*) – Solo vegetal combustível com baixo poder calorífico, usado na secagem do grão da cevada e que confere sabor defumado ao destilado. Algumas águas das destilarias da Escócia passam por solos turfosos, que influenciam o tipo do produto final.

TUN – Vide Mashtun.

UISCE POITIN – Termo gaélico irlandês para whisky sem licença.

UISGE BEATHA – O mesmo que Uisguebaugh.

UISGEBAUGH – Palavra do idioma gaélico que significa "água da vida". Abreviado para "uisgue", "uisky" ou "uisce", deu origem à palavra whisky.

VAT – Tonel de madeira ou inox.

VATTED GRAIN – Whisky resultante da mistura de vários Grain Whiskies.

VATTED MALT – Mistura de diversos Malt Whiskies. Expressão em vias de desuso. Vide Blended Malt.

VATTING – Processo de misturar diversos Malt Whiskies em um tanque ou tonel (*vat*). O resultado é hoje denominado Blended Malt.

VINTAGE – Número aposto ao rótulo do whisky para indicar o ano da destilação e que os whiskies do Blend foram destilados no mesmo ano.

WASH – Líquido que se obtém no fim do processo de fermentação, pronto para ser destilado. Uma espécie de "cerveja" rude.

WASHBACK – Recipiente no qual se dá a fermentação da "cerveja", em geral de madeira, mas modernamente também em inox, mais fácil de lavar.

WASH STILL – O primeiro alambique da linha de produção de whisky.

WHISKY (em português, uísque) – Bebida alcoólica destilada de cereais e envelhecida em barris. O nome vem da expressão gaélica *uisge beatha*, que significa "água da vida".

WHISKY IRLANDÊS – Bebida destilada na Irlanda a partir de cereais maltados ou não, que passa pelo menos três anos em barril. A maior parte é constituída por Blends de whisky de alambique de tripla destilação com whisky de destilação contínua.

WHISKY CANADENSE – Destilado de cereais elaborado no território do Canadá, envelhecido por, no mínimo, três anos, podendo ser misturado com whisky de outros países.

WHISKY ORGÂNICO – Feito a partir de cevada cultivada organicamente, isto é, sem o uso de fertilizantes inorgânicos e de pesticidas químicos.

WHITE DOG – Vide New Make.

WOOD – Madeira, barril, barrica.

WORM – Tubo espiralado de cobre – ligado ao braço do alambique – no interior de um grande barril de madeira que contém água fria, atualmente substituído por condensadores.

WORT – A cerveja ainda não fermentada, produzida no *mashtun*, com elevado teor de açúcar, destinada à fermentação.

X-WATERS – Termo irlandês antigo para bebidas destiladas.

YEARS OLD – Número de anos transcorridos desde a transferência do destilado para os barris até o seu engarrafamento.

YEAST – Levedura ou fermento.

ZÍMASE – (do grego *Zyme* = fermento) – Enzima das leveduras que decompõe o açúcar do mosto em álcool etílico e gás carbônico.

BIBLIOGRAFIA

LIVROS SOBRE WHISKY OU DEGUSTAÇÃO

BANKS, Iain. *Raw spirit*: in search of the perfect dram. London: Arrow Books, The Random House Group Ltd., 2004.

CASAMAYOR, Pierre. *L'École de la dégustation*. Paris: Hachette Pratique, 1998.

ENCICLOPÉDIA LAROUSSE CULTURAL. São Paulo: Editora Nova Cultural, 1998.

JACKSON, Michael & outros. *Whisky, o guia mundial definitivo*. São Paulo: Editora Senac, 2010.

LA MAISON DU WHISKY – L'Origine des aromes et des saveurs du whisky. Paris: Editions Publicis Avance, 2003.

LERNER, Daniel. *Whisky escocés y de malta*. Barcelona: Könemann Tandem Verlag GmbH, 2007.

MACLEAN, Charles & outros. *Guia ilustrado Zahar do whisky*. Rio de Janeiro: Jorge Zahar Editor, 2010.

MACLEAN, Charles. (Org.) *O livro do whisky*. São Paulo: Editora Globo, 2010.

MORRICE, Philip. *O grande livro teacher's do whisky*. Glasgow: W. Teacher & Sons, 1994.

MURRAY, Jim. *O mundo do whisky* – guia internacional do whisky. São Paulo: Editora Ática, 1997.

PENEDO BORGES, Euclides. *ABC ilustrado da vinha e do vinho*. Rio de Janeiro: Mauad Editora, 2004.

PIRES, Milton. *O mundo do whisky na dose certa*. Teresópolis, RJ: Editora Novas Ideias, 2008.

SCHUSTER, Michael. *Essential Winetasting*. London: Mitchell Beazley, Octopus Publishing Group, 2009.

STIRK, David. *The malt whisky guide* .Hampshire, England: GW Publishing, 2002.

WISHART, David. *Whisky classificado*. São Paulo: Larousse do Brasil, 2010.

PUBLICAÇÕES DIVERSAS

Dewar's World of Whisky, folheto promocional do Scottish Tourist Board.
Glen Grant Distillery and Woodland Garden, folheto promocional da Glen Grant.
Scotch Whisky, Perguntas e Respostas – The Scotch Whisky Association.
Scotch Whisky Trade Mission – The Scotch Whisky Association, Edinburg, 1998.
Scotland's Malt Whisky Trail, folheto promocional do Scottish Tourist Board.
Sur la Route du Whisky, folheto promocional da Voyages Auchan, France, 2001.
Whisky News – Boletim da SBW. Rio de Janeiro; números diversos.
Whisky, Whisky, Whisky, folheto promocional da Heublein do Brasil.

ARTIGOS ASSINADOS

BECK, Florian. Flüssiges Gold. *Lufthansa Bordbuch*, 1997.
BETTRIDGE, Jack. A wine lover's guide to scotch. *Wine Spectator*, January 2011.
BLEDSOL, Lysbeth. Scotland on the rocks. *USAir Magazine*, November 1992.
BORGES, Armando Coelho. Goles de bourbon e de história. *Carta Capital*, out. 1997.
O'CONNOR, Roisin. Call of the mild – What makes the whisky of Islay so special?
The Ritz-Carlton Magazine, January/March 2011.
ORAM, Roderick. Uísque para os mais jovens. *Gazeta Mercantil*, maio de 1995.
PRADO, Kleber D. Que fim levaram os Pure Malts? *Whisky News* (SBW), jul. 2010.
TEIXEIRA, Jorge Leão. Cinco séculos de whisky. *Problemas Brasileiros*, dez. 1994.

Características deste livro:
Formato: 13 x 21 cm
Mancha: 9,2 x 17,0 cm
Tipologia: IowanOldSt BT 9/14
Papel: Ofsete 90g/m2 (miolo)
Cartão Supremo 250g/m2 (capa)
1ª edição: 2011
Impressão: Sermograf

Para saber mais sobre nossos títulos e autores,
visite o nosso site:
www.mauad.com.br